AF191739

Manfred Hörstmann

Meine sportlichen Niederlagen

Glossen über das wichtigste Thema der Welt

Mit Illustrationen von
Ole Biege

ISBN 3-8311-4845-7

Herstellung: Books on Demand GmbH Norderstedt

Erstausgabe 2003

Statt Vorwort:

Mein Problem ist, dass ich immer sehr selbstkritisch bin, sogar mir selbst gegenüber.

Andy Möller

„Hörstmann, Sie mit Ihrem unmathematischen Gesicht, ganz klar, dass Sie auch keinen Sport können."

Mein alter Mathe- und Physiklehrer
Dr. (Charly) Schalenkamp
(der im zarten Alter von 65 Jahren noch einen Handstand auf dem Barren schaffte)

Arme Beine

Der Mensch sei eigentlich eine einzige Gehmaschine, behaupten Leute, die offenbar gern auf den Beinen sind. Als Beweis führen sie an, dass der liebe Gott (oder die Evolution – je nach Glaubensauffassung) uns nicht derartig lange und kräftige untere Extremitäten mit auf den Weg gegeben hätte, wären wir nicht zum Laufen geschaffen.

Mein beinhartes Gegenargument, dass man auch zum Stehen und sogar zum Sitzen - ja selbst zum bequemen Liegen ohne Beine nicht auskäme, wird von laufbegeisterten Beinfetischisten schlicht weggewischt mit dem Hinweis, dazu hätten aber die Beine nicht so und so und so beschaffen sein müssen. Ja, wenn man's nicht genau weiß, kann man immer alles nach Gutdünken erklären!

Was man aber anerkennen muss ist, dass manche auf ihrer eigenen Pedalerie Erstaunliches geleistet haben. Schon 1882 flitzte der Engländer George Hazal 600 Meilen (rund 765 Kilometer) in nur sechs Tagen. Ich hatte mal ein Auto, mit dem wär's auch nicht schneller gegangen. Und der Deutsche Fritz Käpernick schaffte in der gleichen Zeit 434 Kilometer, konnte wegen seines Dienstes im Kaiser-Franz-Garderegiment zu Berlin aber jeweils erst um 14 Uhr lossausen. Der olle Käpernick lief sogar mit einem Pferd um die Wette - und gewann. Allerdings gibt's ja auch so 'ne und solche Pferde – denken wir nur mal an die dicke alte Liese vom Böhmer-Bauern.

„Wat man nicht im Kopp hat, dat muss man inne Beene haben", hat mein Vater mich immer gemahnt. Vielleicht hab ich's deshalb nicht so mit den Beinen. Dafür kann ich aber von hier bis Amerika in wenigen Sekunden denken.

Vom Sinn des Sports

Das Nachdenken über den Sinn des Lebens ist bekanntlich eine kreuzgefährliche Sache, die sogar in ganz schlauen Köpfen schon einen Hirnschwurbel ausgelöst hat, der schließlich zu Alkoholismus und frühem Tod führte. Dagegen ist das Nachdenken über die zweitwichtigste Nebensache, den Sport, auch von Menschen wie mir gefahrlos zu bewerkstelligen. Und wenn man lange genug darüber nachdenkt, dann kommt man dahinter, dass es den Sinn des Sports gar nicht gibt. Es gibt vielmehr viele Sinne des Sports.

Menschen beginnen Sport zu treiben, weil ihre Leibesmitte über den Hosenbund hinauswächst oder weil sie sich wie Spargeltarzans fühlen. Gern wird auch angeführt, der Sport sei eine Frage der Ehre. Das gilt besonders da, wo es in Wahrheit um eine Menge Geld geht. Ganz oft ist der Sinn des Sports auch verborgen – besonders dem Sportler. Wer täglich unzählige Kilometer rennt, wer nacheinander stundenlang schwimmt, läuft und radelt, der sieht den Sinn seiner kleinen Fluchten oft in „Gesundheit und Fitness bis ins hohe Alter". Gesund ist Sport aber bekanntlich nur, wenn man ihn nicht so tierisch ernst nimmt. Und bis ins hohe Alter? Da lachen ja die Hühner! Wer weiß denn, ob man's je erreicht. Vielleicht beginnt man mit 35 über den Sinn des Lebens zu grübeln - und zack.

Vielleicht liegt der Sinn des Sports auch darin, dass er die Leute davon abhält, über den Sinn des Lebens nachzudenken. Das gleiche könnte man erreichen, indem man im Sessel sitzt und einen guten Comic liest. Und das ist bei weitem nicht so anstrengend.

Zentripetalkraft

Von allen Sportarten, die ich beim Schulsport verabscheut habe, war mir Schleuderball die verhassteste. Etwa einen Schlagball über den halben Schulhof zu donnern, war für mich keine Kunst. Der Schleuderball aber war nie mein Freund. Er flog einfach nie dahin, wo er sollte.

Dabei war mir die Theorie des Schleuderballs durchaus geläufig – nicht dass Sie glauben, ich wäre zu dumm zum Ballspielen. Bei einem Schleuderball wirkt nämlich die sogenannte Zentripetalkraft. Das ist die Kraft, die bei einer Kreisbewegung auf den bewegten Körper einwirkt und auf den Mittelpunkt gerichtet ist. Wenn sich ein Körper mit der Masse m (das wäre jetzt der Schleuderball) mit konstanter Geschwindigkeit v auf einer Bahn mit dem Radius r bewegt, so ist die Zentripetalkraft allgemein angegeben durch die Formel mv^2 geteilt durch r – hätten Sie's gewusst?

Soweit also zur Theorie. In der Praxis habe ich immer den richtigen Moment verpasst, in dem ich den Schleuderball loslassen musste. Das scheint bei mir eine Art genetischer Defekt zu sein, denn auch meine allerbeste Ehefrau bescheinigt mir, dass ich nicht gut loslassen kann.

Der Schlagball jedenfalls flog, wohin er wollte, und das meist mit beträchtlichem Speed. Aus Erfahrung stellten mich meine Sportlehrer schon immer so auf, dass etwa ein nach rückwärts sich entfernender Ball keine Klassenfenster treffen konnte. Klar, dass es mit solchen Leistungen nie zu einer Sporturkunde mit Eichenlaub reichte.

Dabei können meine Pauker noch froh sein, dass ich mich nicht zum Hammerwerfen gemeldet habe. Schließlich stand unsere Schule unter Denkmalschutz.

Angelsport

Es war in einem wunderbaren Urlaub. Unser Wohnmobil stand an einem kleinen Flüsschen und dort hockten Angler und brüteten über ihren Ruten. „Das will ich auch", erklärte ich meiner allerbesten Ehefrau und marschierte los, um mir einen geraden Ast und etwas Angelschnur zu besorgen. Angeln, Kenner wissen das, ist ein Sport, der so richtig schön beruhigt.

„Was tust Du, wenn einer anbeißt", fragte meine wesentlich bessere Hälfte. Daran hatte ich noch gar nicht gedacht. „Äääh", überlegte ich. „Ich mache einfach keinen Wurm an die Angel, dann beißt auch keiner an." Das mit den Würmern war mir sowieso ziemlich barbarisch vorgekommen.

Doch das Bild von einem gefangenen Fisch, die Oberlippe von einem brutalen Haken gepierced, ging mir nicht aus dem Kopf. „Ich lasse auch den Haken weg", entschloss ich mich. „Dann kann nichts passieren". Ich befestigte ein kleines Steinchen am Ende der Angel, damit die Schur auch unterging und warf die Angel aus. Etwa fünf Minuten später war ich eingeschlafen. Ich erwachte wunderbar ausgeruht, als die Sonne unterging.

„Das ist wahrer Sportsgeist", erklärte ich am Abend meiner Gattin, nachdem ich eine Flasche Rotwein geleert hatte, um den Sonnenbrand auf meinem Rücken vergessen zu können. „Kein hinterlistiger Köder, kein versteckter Haken. So hat der Fisch eine faire Chance."

Geangelt habe ich später nicht mehr. Irgendwie ist mir der ganze Angelsport zu aufregend.

DAMPF

Arm, Brust & Obstsalat

Die Armbrust ist eine Kreuzung aus Flitzebogen und Schießgewehr. Wer hat's erfunden? Nein, nicht die Schweizer! Die haben die Armbrust zwar berühmt gemacht, indem ihr Volksheld, Wilhelm Tell, seinem Sohn einen Apfel von der Birne geschossen hat. Erfunden haben den Bogenschießprügel aber die Chinesen.

Vermutlich hat ein nicht gerade sehr treffsicherer Chinamann einen Pfeil samt Bogen an eine Stange montiert, um so näher an die Zielscheibe zu kommen. Andere haben die Technik abgekupfert (wie's in Fernost der Brauch ist) und verbessert auf den Markt gebracht. Dort haben ihn wieder die alten Römer gefunden, die ja an allem interessiert waren, was ihnen half, ihre Usurpationsgelüste voranzutreiben. Wie Tell schließlich an den römischen „arcubalista" kam, weiß ich auch nicht.

Ebenso wenig verstehe ich, weshalb heute noch Menschen mit dem altertümlichen Bolzenapparat schießen. Nicht allein, dass eine Pumpgun wesentlich schneller und genauer schießt, bei der Armbrust muss auch noch jedes Mal der Bogen mit einem Zuggewicht von sage und schreibe 150 Kilogramm gespannt werden. Man legt den Pfeil – oder Bolzen – ein und bringt die 10 Kilo schwere Waffe in Anschlag. Und dann fliegt der Pfeil mit Mühe und Not gerade 30 Meter weit. Mit wesentlich weniger Aufwand könnte man den Bolzen zu Fuß über diese Strecke befördern und ihn dabei noch genauer ins Ziel bringen.

Trotzdem gibt es offenbar durchaus vernunftbegabte Menschen, die das Armbrustschießen als Sport betreiben. Und andere, die den Armbrustschützen bei ihrem Tun zusehen. Erfreulicherweise wird heute nicht mehr auf Obst geschossen, das unschuldige Kinder auf ihren Häuptern balancieren. Denn beschädigtes Obst verliert durch Oxydation oft einen wesentlichen Teil seines Vitamingehalts.

Alles Müller oder was?

Das Wandern ist des Müllers Lust. Gut meinetwegen. Ich heiße ja nicht Müller. Und auf Wandern habe ich kein' Bock. Ich hasse Wandern. Stundenlang stapft man durch staubige Einöden, die Sonne brennt den letzten Tropfen Schweiß aus einem heraus und im Takt der immer müder dahinstolpernden Schritte denkt man nur noch: "Jetzt . . . ein . . . Glas . . . Bier!" Meine Frau dagegen liebt ausgedehnte Gewaltmärsche, die sie "Spaziergänge" zu nennen nicht müde wird. Fröhlich und selbst nach Stunden noch eine seltsam klinische - fast widernatürlich anmutende - Frische ausstrahlend, hüpft sie stets einige Schritte vor mir einher und führt mir so meine eigene Lahmarschigkeit vor Augen.

Inzwischen habe ich aber für Abhilfe gesorgt: „Mittvierzigerin sucht nette Wandergruppe", habe ich in der Zeitung annonciert. Seitdem lernt meine Frau an jedem freien Wochenende die ostwestfälische Heimat fußläufig kennen, während ich meinem Hobby fröne: Gucken. Ich kann aber auch Gucken. Nach rechts, nach links oder aus dem Fenster. Wenn eine nette Gucker-Gruppe noch einen Gucker um die fünfzig sucht, bitte bei mir melden!

Auf'm Rad

Als Junge habe ich mir immer ein Rennrad gewünscht. Ein unerfüllbarer Traum, den meine Eltern mir beim besten Willen nicht erfüllen konnten. Doch eines Tages trat ich aus der Haustür und traute meinen Augen nicht. Da stand ein funkelnagelneues blaues Rennrad an den Gartenzaun gelehnt, als ob es nur auf mich wartete. Als es am anderen Morgen noch immer unberührt da stand – damals waren die Zeiten noch so – brachten mein Vater und ich es zum Fundbüro.

Nun begann eine endlose Warterei und voller Ungeduld fragte ich fast täglich nach meinem Rad. „Es ist noch da", rief mir der Beamte oft schon vom Fenster aus zu. Eines Tages gehörte es dann mir.

Von da an rennradelte ich, wo ich konnte. Nicht die Tour de France machte mich heiß, sondern nur Querfeldeinrennen. Ich spritzte über Schlammwege, wühlte mich durch tiefe Waldpfade und trug mein Rad über umgestürzte Bäume. Auf der Straße fuhr ich nur, um meine Schnellkraft zu steigern. Im Windschatten der Autos raste ich durch unsere stille Stadt. Bis einer vor mir scharf bremsen musste und ich nicht ausweichen konnte.

Die Knie wurden wieder heil, aber Vorderrad und Gabel waren hin. Das Geld für die Reparaturen hatte ich nicht und so verkaufte ich mein demoliertes Rad schließlich für ein paar Groschen an den Nachbarsjungen.

Heute könnte ich die Instandsetzung für das Rad aufbringen. Aber ich alter Sack auf einem Rennrad? Da lachen ja die Hühner!

Die Fingerfertigkeit der Füße

Seit einigen Jahren beschäftige ich mich mit Badminton, jenem 1870 vom Herzog von Beaufort auf dessen Landsitz Badminton House entwickelten Spiel mit einem saitenbespannten Schläger und einem gefiederten Ball, das Laien deshalb auch Federball nennen. Ich spielte ganz leidlich für einen Freizeitsportler. Dann entschloss ich mich, mein Können zu verbessern und kaufte ein Badmintonbuch.

„Zur Vorbereitung des Schlages wird das rechte Bein nach rechts gestellt, wobei die Fußspitze zur Seitenlinie zeigt", las ich da. „In der Schlagphase wird das Körpergewicht nicht verlagert, das Bein verharrt bis zur Ausschwungphase in der ursprünglichen Stellung."

Am nächsten Abend trafen wir uns wieder auf ein Match. Meine Frau hatte Aufschlag, sie spielte einen einfachen Cross, den ich kinderleicht zurückschmettern . . . „Halt, deine Fußstellung", durchzuckte es mich. Haben Sie schon mal versucht, mit einem Fuß, dessen Spitze zur Seitenlinie zeigt, nach vorn zu laufen? Trocken tropfte der Ball auf den grünen Bodenbelag. Erneuter Aufschlag. Ich wieselte hin, holte aus und - „Nicht das Körpergewicht verlagern", erinnerte ich mich. Ich verlagerte es aber doch. Auf den Hosenboden. Glockenhelles Lachen klang von jenseits des Netzes zu mir herüber.

15 : 0, 15 : 1 und 15 : 14 gingen die Spiele an diesem Abend an meine Gattin. Beim letzten Spiel hatte ich endlich vergessen, was ich gelesen hatte. Mein Badmintonbuch habe ich ganz weit hinten im Bücherregal versteckt. Falls jemand sein Spiel verbessern möchte, kann er sich an mich wenden. Ich habe da irgendwo noch so ein Buch . . .

.

Auf der Rolle

Pisa-Studie hin oder her. Es gibt Bereiche, da ist einem die Jugend einfach über. Zum Beispiel kam meine Nichte unlängst 1. zu Besuch und 2. auf die Idee, sie wollte mit mir inlineskaten „Ich habe aber leider Gott sei Dank gar keine Rollerblades", versuchte ich abzuwiegeln. „Ich hab' dir extra die von meinem Freund mitgebracht", sagte sie. „Der hat bestimmt nicht meine Schuhgröße", hoffte ich. „Doch, 46!"

Die Frage, was meine Nichte, dieses halbe Kind, mit so einem ausgewachsenen Lover will, verkniff ich mir. Wer so was fragt, gilt ganz schnell als autoritärer alter Knochen. „Warum gerade ich?" jammerte ich stattdessen. „Warum nicht lieber mit . . ."

„Nun mach schon, wenn es sie so freut", lenkte meine allerbeste Gattin von sich ab. Ergeben fügte ich mich in mein Schicksal. Bis ich mich mit Hilfe der beiden Frauen in die Schuhe, sämtliche Schützer und den Helm gequetscht hatte, war ich schon schweißnass.

„Versuch dich mal vorsichtig aufzurichten", kommandierte meine Nichte. Innerhalb der nächsten halben Stunde war ich unter dem begeisterten Gelächter meiner liebenden Gattin in rund 20 verschiedenen Stellungen aufs Pflaster geschlagen. „Wieso Knie- und Ellenbogenschützer", ächzte ich. „Was ich brauche, ist ein Ganzkörper-Airbag".

„Fürs erste Mal warst du schon ganz gut", meinte meine Nichte gönnerhaft, während ich mir meine Blessuren besah. „Morgen machen wir weiter." Nun überlege ich verzweifelt, welches Gebrechen ich bis morgen kultivieren könnte, das mich vor sportlichen Betätigungen schützt – Rheuma, Gicht und Tollwut vielleicht? Magendurchbruch, Schwindelanfälle oder Veitstanz? Doktor Sommer, was empfehlen Sie mir?

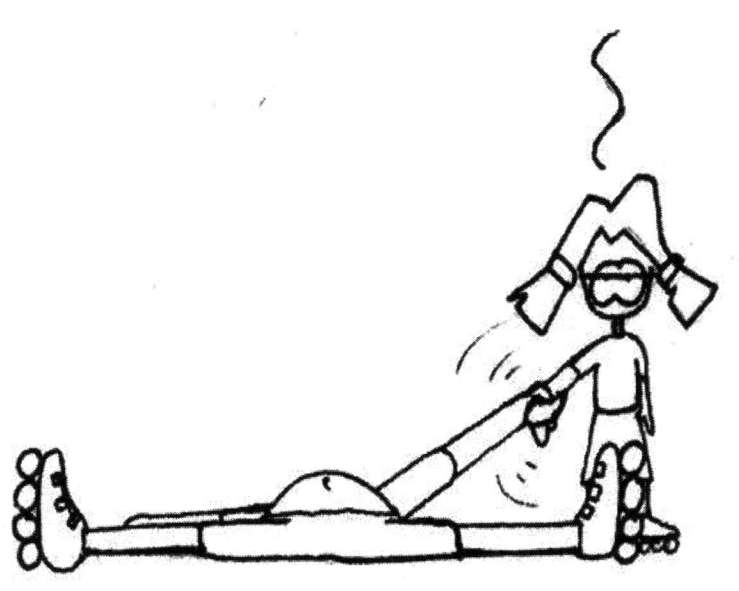

Ball im Korb

Ich war in meiner Schulzeit ja nie eine besondere Sportskanone, aber ein Mitschüler, nennen wir ihn Hermann Fröhlich, war noch viel schlimmer dran als ich. Er war ein hellhäutiger dicklicher Junge mit der Muskulatur einer Amöbe. Am Reck hing er wie ein nasser Sack und ihm gelang nicht mal ein halber Klimmzug. Und erst bei Mannschaftssportarten – ach je. Einen Ball etwa mit dem Fuß in eine bestimmte, vorgesehene Richtung zu bewegen, das überstieg Hermanns Fähigkeiten.

Zu jener Zeit wurde an der Schule auch Basketball gespielt – allerdings hieß das bei uns zu gutdeutsch „Korbball". Dass Hermann jemals einen Ball auch nur höher als zwei Meter geworfen hätte, ist mir nicht erinnerlich. Dann kam das Korbballturnier gegen die benachbarten Schulen und gegen das Team der Paul Gerhard-Realschule lagen wir Minuten vor dem Abpfiff 18 zu 20 hinten.

Vielleicht war es ein böser Scherz von unserem Sportlehrer, vielleicht die schiere Verzweiflung, dass er ausgerechnet in dieser Situation den dicken Hermann ins Spiel schickte. Doch während alles lachte, schnappte Hermann sich den Ball und warf. – Der Ball klatschte ans Brett, tanzte über den Rand und - tropfte in den Korb.

And the winner is: Hermann Fröhlich!

Im Film wäre Hermann jetzt ein Sport-Ass geworden, hätte Korb um Korb versenkt und am Ende das schönste Mädchen von der Schule betört. Im richtigen Leben aber blieb er, wie er immer war. Und einen Korb hat er nie wieder erzielt!

Besen, Besen, sei's gewesen

Staffellauf ist ein normaler Wettlauf, nur dass dabei ein Stab um das ganze Stadion getragen werden muss – warum, weiß ich auch nicht. Jedenfalls hatte mich unser Sportlehrer schon am Donnerstag zum Pedell geschickt. Er sollte einen Besenstiel in Stücke zu je 20 Zentimeter sägen. Die Stücke musste ich dann nach der sechsten Stunde abholen und am Freitagmorgen zum Sportunterricht mitbringen.

„Wir machen heute Staffellauf", begrüßte uns der Lehrer Vogel, der Kriegsinvalide war und deshalb nicht mitturnen durfte. Wir bekamen bunte Schärpen um, in rot, gelb, grün, blau und weiß. Alle, die Rot hatten, gehörten zu einem Team, die Blauen zu einem und so weiter. Dann mussten wir uns rund um den Sportplatz aufstellen und zwar alle 100 Meter ein Grüppchen in allen Farben. Dann ging der Staffellauf los.

Ich stand in dem letzten Grüppchen. Hinter mir waren die anderen und vor mir das Ziel. Und als der lange Berni angedampft kam, der auch eine rote Schärpe um hatte, rannte ich los wie die gesengte Sau. Die Füße hämmerten auf die Aschebahn, die Arme pumpten. Um mich herum erhob sich ein Geschrei wie aus tausend Kehlen. Ich hielt mich für den Weltrekordsprinter Armin Hary und dachte, es wäre Applaus. Bis ich kurz vor dem Ziel merkte, dass ich den Besenstiel vergessen hatte.

Ich wollte noch mal zurücklaufen, aber da waren die anderen schon über die Linie, bis auf den dicken Jürgen und seine Mannschaft, die gleich zu Anfang ihren Besen verloren hatten und jetzt in einem Gebüsch danach suchten.

Die Besenstiele habe ich dann zum Pedell zurück gebracht, aber er meinte, damit könne er auch nichts machen.

Zum Fegen wären sie ja jetzt zu kurz.

Birdies und Ti-Time

„Hast Du schon mal Golf gespielt", fragte mich jüngst mein alter Kumpel Thilo. „Klar", sagte ich. „Obwohl ich es ganz schön schwierig finde, den Ball immer um die Hindernisse zu spielen. Sein Blick wurde eisig. „Du meinst Minigolf", bellte er. „Ich spreche von Golf!" Ehe ich mich versah, war ich am Wochenende zum Golf verabredet.

Ich traf Thilo vor dem Clubhaus. „Ah, Frauen spielen hier auch mit", fiel mir auf. „Wir nennen sie Birdies", klärte er mich auf. „Willst du ein Ti?" „Oh, ist schon Tea-Time", fragte ich affektiert. Es gab aber gar keinen Tee, sondern so einen kleinen Eierbecher, von dem aus der Ball abgeschlagen wird.

Ich nahm den Schläger wie einen Hammer und drosch zu. Der Ball war weg, das Ti auch und dazu ein Grassoden von erheblicher Größe. „Der Ball liegt da hinten auf dem Fairway", erklärte mein Kumpel. Er stellte sich breitbeinig neben den Ball, schwang den Schläger und drehte eine komische halbe Pirouette. „Muss der Ball da in den Teich?" wollte ich wissen. Er schwieg mürrisch.

„Wo ist denn das Loch", erkundigte ich mich, als ich zu meinem Ball weiterging. „Da vorne, wo das Fähnchen weht", antwortete er und reichte mir ein Eisen. „Haut den Lukas", rief ich und schlug zu. Der Ball traf die Fahnenstange und tropfte ins Loch. Die Fahne neigte sich erschöpft zur Seite.

„Du hast einen Birdie geschlagen", meinte mein Begleiter verdutzt. „Niemals würde ich Frauen schlagen", protestierte ich. „Das dürfte ich schon von zu Hause her gar nicht." „Nein, nein", versuchte er mich zu beruhigen. „Ein Birdie ist auch ein Schlag unter Par."

„Jedenfalls würde ich nie Frauen schlagen" insistierte ich. „Auch nicht unters Paar, wie du das nennst. Also wirklich. Golf - das ist nichts für mich. Dann bleib ich schon lieber beim

Minigolf, da werden wenigstens keine Frauen gehauen." Aber ehrlich!

Randsportart

Fußball ist ja eine Randsportart. Natürlich nicht im hochbezahlten Bundesligageschäft, wo sich die anonymen Massen in den Arenen drängen. Aber in den unteren Klassen. Da ist's gemütlich. Da steht man direkt am Spielfeldrand – daher auch der Name Randsportart.

Neben einem stehen einige Dutzend Trainer („Los, gib' ab!" oder „Schieß doch!" oder „Hintermann!"), Schiedsrichter („Klares Abseits!" „Ecke!" oder „Elfmeter, Mann!") und Witzbolde („Schiedsrichter, Telefooon!" oder auch „Schiri, der Kaffee kocht!").

Da kann man Studien treiben, weniger am Homo ludens, dem Spieler, denn der Sport findet, wie gesagt, nur am Rande statt. Aber am Homo spectarens, wie ich mein Forschungsobjekt im besten Küchenlatein genannt habe, am zuschauenden Menschen. Sicher, manche konzentrieren sich still auf das Spiel. Aber für die meisten ist der Nachmittag auf dem Fußballplatz ein Happening, die Tribüne eine Bühne. Und so wird der Zuschauer unversehens selbst zum Spieler – zum Schauspieler. Er stellt sich dar: Einen Zuschauer.

Also, am Sonntagnachmittag gehe ich zu den Randsportarten. Nicht immer, aber immer öfter. Und manchmal, wenn gerade keiner hinsieht, probiere ich auch schon mal ein kleines – aber ganz leises – „Hau'n rein, Jupp".

Aus der Hüfte

Biathlon, eine sonst eher unbeachtete Sportart, ist plötzlich in aller Munde. Nachdem Uschi Disl und Co. bei der vier mal siebeneinhalb Kilometer Staffel von Ruhpolding die starken Russinnen und Norwegerinnen auf die Plätze verwiesen hatten und nach dem grandiosen Doppelsieg von Sven Fischer und Frank Luck über 12,5 Kilometer schießen auch im Flachland die Biathlon-Fanclubs wie Pilze aus dem Boden.

Und während selbst die Ostfriesen schon über eine Kombination von Schlickrutschen und Klutschießen nachdenken, haben die ostwestfälischen Schützenvereine den Trend bisher völlig verpennt. Dabei klagen die Grünröcke doch andauernd lauthals über Nachwuchssorgen. Jetzt ist die Möglichkeit da, endlich die snowboardverrückte Jugend unter den grünen Hut zu bringen.

Allerdings, so könnte man einwenden, liegt hierzulande selten Schnee, wenn die Schützen ihre Feste feiern. Da ist dann halt die heimische Möbelindustrie gefordert. Sicherlich findet sich ein begabter Küchenmonteur, dem es gelingt, leichtgängige Rollen unter die Brettln zu schrauben. Oder man steigt gleich auf das geländegängigere Skateboard um. Alles nur eine Frage des guten Willens.

Skaten und dabei aus der Hüfte schießen – wäre doch gelacht, wenn das die Kids von heute nicht scharenweise in die Schützenvereine brächte.

Danke, Turnvater Jahn!

Turnvater Jahn hat den Sportunterricht erfunden. Der im Jahre 1778 geborene Sohn eines Dorfpfarrers wurde mit knapp 29 Jahren Lehrer und führte seine Schüler erstmals zu Leibesübungen ins Freie. Generationen von sportlichen Schülern verdanken ihm unbeschwerte Stunden voller Spiel und Spaß, die sie sonst über ihren Büchern verbracht hätten.

Ungezählte übergewichtige, schwerfällige oder ungelenke Mädchen und Jungen verdanken ihm Hohn, Spott, und Verachtung ihrer Mitschüler sowie brüllende Lehrer, Angst und auch manche Blessuren. Danke, Turnvater Jahn!

Auch das Reck ist eine Erfindung des Dorfschulmeisters Friedrich Ludwig Jahn. Er war es wohl leid, ständig wie ein Affe im Geäst irgendwelcher Bäume herumzuhängen. Vermutlich hat ihm der Dorfschmied die ersten Recks zusammengeschwartet. Als er zwei Recks nebeneinander stehen sah, kam ihm gleich auch noch die Idee, den Barren zu erfinden.

Der Barren war mein Schreckens- und Folterinstrument. Was unser Sportlehrer von mir forderte, war: In der Mitte des Barrens in den Stütz gehen, Vorschwung, Rückschwung, Vorschwung in den Grätschsitz. Bis hierhin klappte alles so einigermaßen. Dann sollte ich die Beine wieder einschwingen, Rückschwung und eine Hockwende als Abgang vollführen. Auch das klappte – bis auf die Hockwende. Dabei bin ich irgendwie eingefädelt, mit einem Fuß hängen geblieben und klatschte mit dem Gesicht zuerst auf die Matte.

Mit blutender Nase wurde ich zum Direx geschickt. „Hörstmann, Hörstmann", sprach der mitfühlende Pädagoge. „Ungeschick lässt grüßen, nicht wahr?"

Danke, Turnvater Jahn!

Das Sportfest

Früher, in meiner Schulzeit, war das Sportfest immer mein Lieblingsfest des Jahres. Weil es mir alle Jahre wieder pünktlich zu diesem Ereignis gelang, ein Leiden zu kultivieren, das es mir erlaubte, diesem Ereignis fern zu bleiben. Da kamen überraschende Pollenallergien, Magenschmerzen oder grippale Infekte ebenso recht wie verstauchte Füße, Hexenschüsse oder Durchfallerkrankungen. Kurz: Wenn meine Mitschüler sich im sportlichen Wettkampf maßen, hatte ich einen freien Tag.

So auch in diesem Jahr. Ich war gerade zarte 18 und hatte mit einem Freund bis in die frühen Morgenstunden Geburtstag gefeiert, wobei hochgeistige Gespräche und ebensolche Getränke eine Rolle gespielt hatten. Leider hatte ich übersehen, dass mein Wecker wie immer auf 7 Uhr eingestellt war.

So kam es, dass ich, ehe ich mich versah, denn doch schwer angeschlagen beim Sportfest auftauchte, dem ich ja gerade fernbleiben wollte. Nie vergesse ich den 100-Meter-Lauf, den ich an diesem Morgen zu absolvieren hatte. Nach dem Startpfiff aus der Trillerpfeife meines Sportlehrers legte ich los wie der Teufel. Ich rannte, als ginge es um mein Leben. Doch nach etwa 50 Metern sah ich, dass meine Klassenkameraden eben ins Ziel einliefen, während ich in der Sandgrube beim Hochsprung gelandet war. Den Rest des Weges bis zum Ziel trottete ich dann gemächlich, während mein Lehrer mit blickleeren Augen die Stoppuhr anhielt.

Heute bin ich auf 100 Metern natürlich viel schneller. Heute besitze ich nämlich ein eigenes Auto.

Das Dream-Team

Kennen Sie Hermann Behnke? Oder Schnüti Gronnemeier? Heinz Perutz? Nein? Wohl keine Ahnung von Handball, was? Wir waren damals das Dream-Team. Emslandmeister der Realschulen im Handball. Erwin Rust war noch dabei und Horsti, den wir „Hotte" nannten, nach Horst Buchholz. Wir hatten alle anderen Mannschaften so überlegen von der Platte geputzt, dass unserem Sportlehrer der Erfolg zu Kopf gestiegen war. Er vereinbarte ein Spiel gegen die Emslandmeister der Gymnasien!
Unsere Siegesgewissheit schwand in dem Moment, als wir unsere Gegner zu Gesicht bekamen. Sie waren nicht nur älter als wir, sie waren größer, massiger und grinsten überlegen auf uns herab. Schon nach einigen Minuten wussten wir, dass wir keine Schnitte kriegen würden. Zur Halbzeit lagen wir ziemlich hinten.
„Was ist los", fragte der Trainer. „Ihr habt einfach die Hosen voll. Ihr geht da jetzt raus und zeigt, was ihr drauf habt." Nach der Pause lief der lange Kreisläufer der Pennäler schnurstracks auf mich zu. Er wurde angespielt und dachte wohl, ich würde zur Seite gehen. Ich hob die Arme und blieb stehen. Ich musste einen Schritt nach hinten machen, um den Aufprall abzufedern, aber der Pennäler fiel zu Boden und japste.
Kurz darauf donnerte Schnüti den Ball neben das Tor und traf die Kletterstangen. Der Hausmeister musste kommen und das Gerüst losschrauben, so hatte sich der Ball durch die Stangen gepresst. Jetzt wussten sie Bescheid. Naja, ums kurz zu machen. Es endete unentschieden und beide Mannschaften wurden Emslandmeister der Schulen!

Kurz danach war die Schulzeit vorbei. Schnüti ging bei seinem Vater in die Tischlerlehre, Heinz wurde Bankkaufmann, Erwin übernahm das Haushaltswarengeschäft seiner Familie und Hermann und ich wurden selbst Pennäler. Immerhin sind wir ungeschlagen abgetreten.

Aber das Sie Schnüti nicht kennen – also ehrlich!

Rollende Kugeln I

Die faszinierendste Sportart ist ja wohl Billard. Nein, nicht so wie man's in Kneipen spielt – an einem Tisch mit Löchern in den Ecken und wenn die schwarze Kugel reinfällt, hat man verloren. Ich meine jetzt Billard so wie im Fernsehen. Das ist irre!

Schnauzbärtige Männer mit Westen spielen an Tischen, die so groß sind, dass man das Ende nur mit dem Fernglas sehen kann. Dann sieht man im Fernsehen, wie weiße Linien kreuz und quer über den Tisch gezogen werden. Dann verschwinden die Linien wieder, und die Bärtigen spielen die Kugeln genau da lang, wo die Linien vorher waren.

Ich könnte mir die Linien gar nicht so schnell einprägen, aber die Schnauzbärte können das. Ansonsten ist dieses Spiel natürlich viel einfacher als das andere Billard, weil keine schwarze Kugel dabei ist, und kein Loch, wo sie reinfallen könnte. Darum muss auch keiner verlieren. Wer sich Linien gut merken kann und eine Weste und einen Schnauzbart hat, kann da mitmachen.

Billard ist ein bisschen so wie Kegeln, nur ganz anders.

Rollende Kugeln II

Zu den brutalsten und gefährlichsten Lokalsportarten gehört das Kegeln. Zerschmetterte Zehen, umgeknickte Finger und Leberzirrhose sind nur die auffälligsten Leiden, die zu Dauerschäden und Sportinvalidität führen können. Muskelbepackte Sportheroen lächeln abfällig über diese Breitensportart, aber es sind insgeheim die tapfersten und abgebrühtesten Athleten, die sich der rollenden Kugeln annehmen.

Neben den genannten, gibt es nämlich noch eine Reihe weiterer Verletzungen, die durch das Kegeln hervorgerufen werden können. Der 68jährige Heinrich M. aus H. soll zum Beispiel größenwahnsinnig geworden sein („Habt ihr das gesehen, Acht ums Vordereck, ich bin der Größte, aaaaaaaaaaaaaah") Seine Kegelbrüder kommen seitdem gut mit ihm aus, solange sie ihn mit „Gott" oder „Majestät" ansprechen.

Die erst 55jährige Kegelschwester Heike W. aus B. hatte den Verlust des Daumens zu beklagen, als sie sich bei der Auswahl des Spielgeräts soviel Zeit ließ, dass bereits eine weitere Kugel hinzukam. Und Hermann S. aus E. stürzte während der Siegerehrung pilsbeschwingt von der Tribüne und brach sich ein Bein.

Keine Kegelversicherung nimmt sich dieser Tapferen an. Dies ist ein Fall für den Petitionsausschuss oder wenigstens für die Deutsche Sporthilfe. Darüber sollte man ruhig mal nachdenken.

Sportverletzungen

„Wintersport?", fragte mein Kumpel Mark, als er mich neulich am Stock einher hinken sah. „Nee", antwortete ich. „Schachsport." Ich ließ mich in ein Cafè einladen und erzählte ihm dafür meine Geschichte:

„Du kennst doch Schach. Und du kennst auch Halma, das ist so eine Art Schachsport für Arme. Und während ich so leidlich Schach spiele, bin ich in Halma ein Versager. Diese vielen Felder, das verwirrt mich einfach. Neulich besuchte uns nun ein befreundetes Ehepaar und trotz meines Protestes wurde ein Halmaspiel vereinbart. Die Ehepaare spielten zusammen und immer, wenn ich dabei war, einen Fehler zu begehen, stieß meine Frau mich unterm Tisch an."

„Das ist ja schön und gut", meinte Mark und trank einen Schluck Kaffee. „Aber wie bist du zu der Verletzung gekommen?" „Warts ab", fuhr ich fort. „Das Spiel wurde spannend, die Spielzüge wurden hektischer, meine Fehler größer und die Tritte meiner Frau heftiger."

„Verstehe", meinte Mark. „Und wie ist das Ganze nun ausgegangen?"

„Tjaaaa", machte ich und betrachtete nachdenklich den Kaffeesatz in meiner Tasse. „Der Arzt hat gesagt, dass ich mir entweder einen anderen Sport oder eine andere Frau suchen soll. Das Problem ist nur, dass Halma gerade anfängt, mir Spaß zu machen . . ."

Catch as Catch can

„Der Kampf Mann gegen Mann ist eine jener Sportarten, die ihre Wurzel nicht in der Freude am Spiel haben, sondern aus der harten Notwendigkeit des Alltags entstanden". Diesen verwegen klingenden Satz las ich neulich in einem vergilbten Sportbuch. Dabei erinnerte ich mich, dass früher eine „gesunde Brutalität" im Sport als unabdingbar angesehen wurde. Dagegen ist es heutzutage geradezu „gentlemanlike", sich gegenseitig möglichst nicht wehzutun – selbst bei Sportarten, in denen der „körperlose Fight" nur schwer zu verwirklichen ist. Ich spreche hier vom Boxen und vom Ringen.

Betrachten wir dagegen den antiken Athleten Milon. Der Mann, der mit täglich 20 Minen (etwa 9 Kilo) Stierfleisch und der gleichen Menge Brot sein Kampfgewicht von zweieinhalb Zentnern hielt, errang den olympischen Ölzweig, indem er beim Ringkampf seinen Gegnern die Augen ausdrückte oder die Zehen brach.

Als Boxer trug er zu jener Zeit nicht etwa gepolsterte Handschuhe, vielmehr wurden ihm die Arme und Hände mit harten Lederriemen umwunden. Darüber trug der Faustkämpfer von Welt und Stil den Cästus, eine metallene Halbkugel mit Noppen. Milon dagegen hatte seine eigene Waffe: Einen zweiten Lederriemen mit eingeflochtenen Bleikugeln. Kein Wunder, dass die Kämpfer zu jener Zeit allesamt Blumenkohlohren und einen Teint wie Guido Westerwelle hatten. Und da sie nackt antraten ... aber darüber steht in den Annalen natürlich nichts geschrieben.

Und da wird behauptet, unsere Kids würden durch Ballerspiele und Horrorvideos verroht. Schuld an der neuen Brutalitätswelle ist aber vielmehr – ich hab's schon immer geahnt – der Sport.

28

STAMPF

Die Sprache des Fußballs

Dass der Fußball-Sport eine eigene Sprache spricht, haben wir an anderer Stelle schon festgestellt. Da gibt es nicht nur so martialische Begriffe wie „Angriff", „Abwehr" und „Sturm", da gibt es auch einen Satzbau, auf den der Nichtfußballer so nicht kommen würde: „Ja, äh, ich sach jetzt mal, der Trainer hat gesacht, mach'n rein und da hab' ich 'n reingemacht".

Solche Sätze kennen wir alle aus dem Fernsehen und haben begriffen, was da gemeint sein könnte. Folgt man einer alten Fußballregel, dann gilt: Hauptsache ist auf'm Platz. Deshalb ist die Sprache des Zuschauers interessanter als das Kauderwelsch der Spieler. Ich spreche jetzt nicht von sattsam bekannten Schlachtrufen wie „Mach et Otze" oder „Schiri, Telefoon". Ich meine echt kreative Sprüche wie „Alles auf die Fünf".

Wie so oft, wenn die Kreativen kreativ werden, verstehen wir Normalverbraucher nicht auf Anhieb, was los ist. Klar, mit der Fünf ist einer der beiden Spieler mit der nämlichen Rückennummer gemeint. Aber was ist „alles"? - Glück? Unglück? Pässe? Fouls? Die Rechnung? Gelbe Karten?

Apropos Karten: Wann immer der Schiedsrichter sich an die ominöse Brusttasche greift, ertönt der warnende Ruf: „Der hat schon 'ne Karte". Was wollen uns die Rufer damit sagen? Ist der Spieler schon bedient? Oder soll er Gelb-Rot bekommen? Oder die Visitenkarte vom Schiri? Apropos Schiri: Der Ruf „Dachpappe raus" bezieht sich vermutlich nicht auf das Dach der Umkleidekabine, sondern auf den meist schwarzgewandeten Referee. Ist aber nur eine Annahme von mir.

Volkes Stimme zu verstehen, so sie auf dem Fußballplatz ertönt, ist mir nie ganz gelungen. Wie heißt es doch so schön: Erst hatte ich kein Glück und dann kam auch noch Pech dazu.

Der Ring der Niederungen

Wie ich neulich feststellen musste, ist der Hula-Hoop-Ring wieder schwer im Kommen. Alle paar Jahre wieder kommt er aus der Versenkung und summt ein Märchen von Wespentaillen und Rückenschäden. Eigentlich gehört der Ring in die frühen sechziger Jahre. Damals rief der Reifen, nach dem heute kein Hahn mehr kräht, gleichermaßen Jugendschützer (wegen der aufreizenden Beckenbewegungen) und Orthopäden (wegen überfüllter Wartezimmer) auf den Plan.

Zur gleichen Zeit machte ein Hula-Hoop-Festival in der Stadt Furore und es war wie immer: Was verboten ist, das macht uns gerade scharf. Auch mich zog es zu Ruhm und Ehr' – meine Jugendlichkeit mag es entschuldigen – die so eine Stadtmeisterschaft mit sich gebracht hätte. Deshalb versuchte ich mich ebenfalls in der neuen Trendsportart. Leider gelang es mir trotz intensiven Übens nicht, den Ring mehr als einmal um meine damals noch schmächtigen Hüften kreisen zu lassen. So kostete ich statt der Erhabenheit des Sieges die Niederungen des Versagens.

Zum zweiten Mal begegnete mir der Ring, als meine Nichten im zarten Teenageralter dieses Sportgerät entdeckten. Gern wollte ich ihnen zeigen, dass auch ihr alter Onkel die Kunst des Hula-Hoop beherrscht, doch schon beim ersten Hüftschwung fing ich mir einen Hexenschuss ein, der mich für ein Wochenende aufs Bett warf, ehe mich der Arzt am Montag mit einer schmerzstillenden Spritze von meinen Leiden erlöste.

Trotzdem würde ich nie etwas gegen den bunten Hüftring sagen. Denn eines ist seit den sechziger Jahren unverändert geblieben: Was verboten wird, das ist erst richtig interessant.

Elefantentreffen

Der schwere Motor erstarb vor unserer Tür und ich öffnete. Draußen stand mein Kumpel Axel und seine schwarze Suzuki 1100 knisterte leise. Maschine, Seitenkoffer und Packrolle trieften vor Nässe vom ostwestfälischen Schnürlregen. „Wie sieht's denn mit `nem Bier aus", fragte mein Besucher und ließ sich, nass und dreckig wie er war, in meinen Sessel plumpsen. Axel macht gern einen auf Rockerboss, das darf man nicht so eng sehen. Neulich ist er damit mächtig auf die Schnauze gefallen. Ausgerechnet seine eigenen Motorsportkumpels haben ihm eins ausgewischt.

Es war Anfang Januar und wieder mal „Elefantentreffen" im Sauerland. Axel und die anderen fuhren mit ihren schweren Maschinen hin. Ehe sie ihre Zelte aufbauen konnten, hieß es erst mal Schneeschippen. Axel wollte seinem Bock noch mal so richtig die Sporen geben und kam prompt in eine Schneewehe. Die Suzi sank ein und er stieg über den Lenker ab.

Der Schnee war tief und weich und es dauerte eine Zeit, bis Axel sich heraus gearbeitet hatte. Die Elfhunderter aber war verschwunden. Bis zum Abend hatte Axel mit dem Klappspaten die halbe Schneewehe umgegraben, aber das Motorrad blieb wie vom Erdboden verschluckt. Total fertig schleppte sich Axel in sein Zelt – und da stand die Suzi und war schon trocken. Die Kumpels kamen aus ihren Jurten gekrochen und lachten wie irre.

Danach war Axel ein paar Tage lang richtig kleinlaut. Inzwischen hat er aber alles wieder nachgeholt.

F.B.I. oder Kra-ko?

„Hör mal, mein Lieber", sagte meine beste Ehegattin und kniff in meine Hüftmuskulatur. „Du wirst langsam mollig." – „Ich bin nicht mollig", widersprach ich. „Ich bin stark. Das ist alles Muskelmasse." – „So", machte sie. „Und wie wär's, wenn du deine Muskelmasse ein bisschen in Bewegung setzen würdest? Ich habe dir hier ein Programmheft vom Kreissportbund mitgebracht, da kannst du dir mal einen Kurs aussuchen." Sprach's und ging fort. Ich machte es mir auf dem Sofa bequem und begann in dem grünweißen Heftchen zu schmökern.

Ich erwachte, als sie mich erneut in die Hüftmuskulatur zwickte. „Du sollst hier nicht pennen, sondern dir einen Kurs aussuchen", schimpfte sie. „Hast du das getan?" – „Ja-ooh", gähnte ich herzhaft. „ Ich weiß nur nicht, ob ich mich für F.B.I. oder Kra-ko entscheiden soll, oder würdest du F.a.M. oder Body Burn vorziehen? Ich hatte auch schon an die Fünf Tibeter oder an Lohan Qui Gong gedacht. Bei Moving für Mädchen oder Babyschwimmen würden die mich ja nicht mitmachen lassen. Und Muli Mix oder P-Training – na, ich weiß nicht . . . ich bin schließlich verheiratet. "

„Hast du getrunken?", fragte mich meine beste Ehegattin entgeistert. „Noch nicht", sagte ich. „Aber das steht hier so wortwörtlich im Programmheft." Sie nahm es und schaute nach. „Tatsächlich", gab sie zu. „Das müssen Druckfehler sein. Das gibt's doch nicht - das Heft bring' ich denen morgen zurück."

Ich ging und holte mir erst mal ein Gläschen vom besten Rotspon.

Eishockey mit Köpfchen

Ich habe in meiner Jugend nicht nur Eishockey gespielt, ich habe auch ein Tor erzielt, wie es in der Geschichte dieser Sportart ziemlich einzigartig sein dürfte. Wenn im Winter der Dortmund-Ems-Kanal zugefroren war, wurden die Schlittschuhe unter Vaters alte Arbeitsstiefel geschraubt und ab ging's aufs Eis. Krumm gewachsene Äste dienten uns als Schläger, leere Kondensmilchdosen als Pucks. Tornister oder abgelegte Kleidungsstücke waren die Torpfosten

Bis die Eishockey-Saison wirklich losging, mussten wir uns in Geduld üben. Denn Eisbrecher versuchten während der ersten harten Winterwochen ständig eine Fahrrinne im Kanal frei zu halten. Wenn Väterchen Frost dann endgültig die Oberhand gewann, war unser Spielfeld nicht mehr glatt wie das künstliche Eis in den modernen Arenen - schartige Schollen ragten heraus.

Gegen so eine Eisscholle stieß ich prompt beim Sturm auf das gegnerische Tor. Der Schlittschuh löste sich vom Stiefel und ich krachte der Länge nach auf das Eis – die Welt um mich wurde dunkel.

Ich kam mit blutender Nase zu mir, als mein Team gerade das Tor bejubelte. Es war nämlich während meiner kurzen Abwesenheit zum Streit darüber gekommen, ob das von mir im Fallen noch erzielte Tor überhaupt „gildet". Offenbar wegen meines erbärmlichen Zustandes hatte es die gegnerische Mannschaft schließlich anerkannt: Das vermutlich erste und einzige Eishockey-Tor der Welt, das durch einen Flugkopfball erzielt wurde.

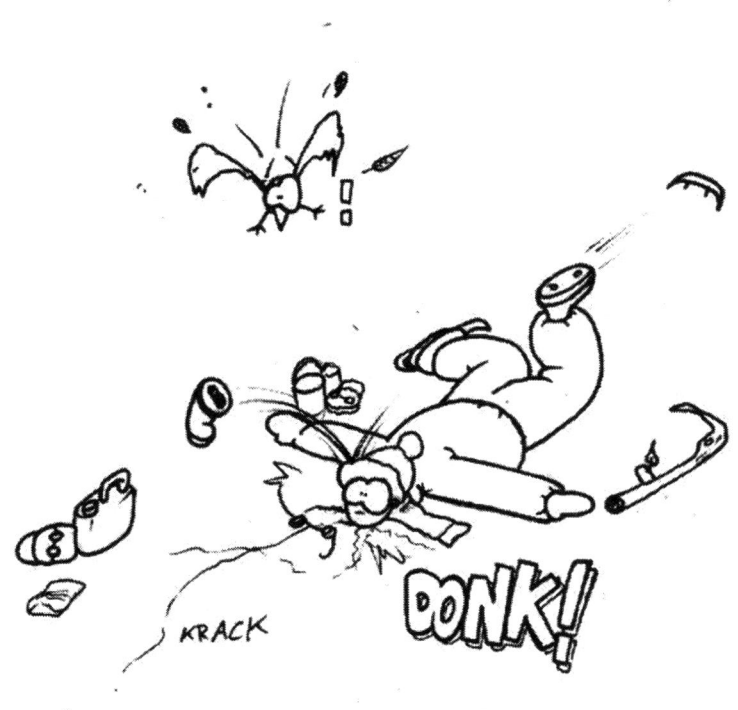

KRACK

DONK!

Freibade-Saison

Jetzt öffnen allerorten wieder die Freibäder und es geht hinein ins kühle Nass. Die wichtigste Person in so einem Bad ist der Bademeister. Der sagt, von wo nach wo geschwommen wird, wer eine Badekappe zu tragen hat und dass man nicht vom Rand springen soll. Natürlich rettet er jeden, der untergeht, wenn er es früh genug sieht.

In meiner Jugend sind Jungs wie wir nur dann ins Freibad gegangen, wenn einer von uns ein Loch im Zaun erspäht hatte, denn unser mageres Taschengeld reichte nur selten, um den Eintrittspreis zu entrichten. Außerdem gab es genug Flüsse und den Dortmund-Ems-Kanal. Im Kanal haben wir meistens gebadet, weil es verboten war – das war ein zusätzlicher Anreiz. Die hohen stählernen Bogenbrücken waren unsere Sprungtürme und dort hochzuklettern erforderte schon ganz schön Mumm. Das Beste waren die Schleppkähne, die voll beladen tief und behäbig im Wasser lagen. Wenn der Schleppdampfer vorüber war, schwammen wir an die Kähne und ließen uns mitziehen – das war eine Mordsgaudi.

Bei einer dieser Gelegenheiten wurde mir von dem vorbeiströmenden Wasser die Badehose ausgezogen, so dass ich nackt und bloß im Wasser trieb. Die Zeiten waren noch nicht so offenherzig wie heute – die sexuelle Revolution hatte noch nicht stattgefunden. So blieb ich an diesem Tag sehr lange im Wasser. Erst als sich die Nacht gnädig wie ein dunkles Tuch über die Wasser senkte, traute ich mich nach Hause. So wurde ich zu einem der ersten Flitzer der Geschichte.

Trotzdem – Badesaison war immer was Tolles. Aber meine Badehose habe ich dann immer ganz fest geschnürt.

Gerädert

Sind Sie schon mal Rhönrad gefahren? (Ich weiß gar nicht, ob „gefahren" da der richtige Ausdruck ist.) Nicht? Lassen Sie die Finger davon, wenn ihnen ihre Gesundheit lieb ist. Ich hab's ausprobiert, getreu dem Motto „Try anything anytime", was soviel heißt, wie: Man muss alles mal ausprobieren.

So ein Rhönrad ist größer als man selbst. Unten sind so Schlaufen für die Füße, oben sind Griffe zum Festhalten. Obwohl: Unten und oben sind keine festen Größen mehr, sobald sich das Rhönrad erst mal in Bewegung gesetzt hat.

Richtige Rhönradsportler können nun durch elegante Körperbeherrschung Tempo und Richtung beim Rhönradfahren bestimmen. Sogar auf einem – äh – Reifen können sie fahren.

Nun bin ich gerade mit dieser eleganten Körperbeherrschung nur spärlich gesegnet. Deshalb stürmte das Rhönrad mit mir drin auch ungebremst über den Sportplatz davon, touchierte die Hecke, die den Sportplatz umgab, setzte die schlingernde Fahrt fort und kippte schließlich in Zeitlupe auf die Aschenbahn.

Wenn man fällt, reißt man automatisch die Hände nach vorn, um sich gegen den Aufprall zu schützen. Zu diesem Zweck musste ich das Rhönrad loslassen. Mit den Händen und der rechten Gesichtshälfte krachte ich recht unsanft auf die rote Asche, währen das Rhönrad noch um mich herumtänzelte, mich an den angeschlauften Füßen mitzog und dabei mit dem Antlitz durch die Schlacke schrammte.

Wenn Sie unbedingt Sport treiben wollen, dann spielen Sie Mikado oder „Fang den Hut". Meinetwegen auch „Spitz pass auf" oder „Drei muss raus". Aber lassen Sie die Finger bloß vom Rhönrad.

Geräte turnen

Ganz am Beginn meiner sportlichen Laufbahn habe ich mich für das Geräteturnen entschieden. Ein Irrtum, wie sich bald herausstellte. Als I-Männchen wusste ich mit dem Begriff nichts anzufangen, ich dachte aber: Besser, die Geräte turnen, als ich!

Dass ich völlig falsche Assoziationen gehabt hatte, merkte ich, als mich ein durchtrainierter Sportlehrer hochhob, mir befahl, eine Reckstange zu umklammern und mich dort hängen ließ mit der Bemerkung, ich möge nun den Aufschwung in Gang bringen

Ich kann mich zwar nicht daran erinnern, aber meine Mutter erzählte mir, dass ich schon bei meiner Geburt stolze acht Pfund auf die Waage gebracht hatte. Das ist heute vielleicht nichts Besonderes mehr, aber damals liefen die Ärzte am Wochenbett meiner Mutter zusammen. Bis heute hat sich das Urteil der Mediziner über mich nicht wesentlich geändert: Zu schwer!

Und so hing ich denn an der Reckstange wie ein nasser Sack und bat den Sportlehrer, doch nun lieber die Geräte turnen zu lassen.

Seit einiger Zeit sehe ich im Fernsehen oft, dass ein muskelbepackter Mann mit Küchengeräten wie Kühlschränken, Toastern und Wasserkochern turnt. Er behauptet, dadurch Strom zu erzeugen. „Mix it, Baby", sagt er dazu. Darauf falle ich nicht mehr rein!

Heiß und Kalt

Wenn es Winter wird auf den Fußballplätzen dieser Republik, dann wird neben der Vereinsmütze und dem Vereinsschal, den man sowieso immer dabei hat, auch ein wärmendes Outfit unabdingbar. Denn Väterchen Frost scheidet die Schönwetterfans, die auch schon mal den Verein wechseln wenn's ihrer Mannschaft gerade mies geht, von den Harten, die mit ihrem Verein siegen oder untergehen, wie's auch immer gerade kommt. Das sind die echten Fans, die sich auch von ein paar Minusgraden nicht davon abhalten lassen, ihr Team bei jedem Spiel nach vorne zu peitschen. Einer für alle, alle für einen!
Nun hat es der liebe Gott aber blöderweise so eingerichtet, dass es auch den ganz Harten mal ein bisschen kühl wird. Klar, wenn die Mannschaft obenauf ist, Tor um Tor schießt und Siege einfährt, dann präsentiert man sich auch bei 10 Grad minus gern mit freier Brust. Wenn's aber mal nicht so läuft, dann braucht der Mensch was Warmes. Dann lockt hinten in der Platzecke neben der Bratwurstbude der Glühweinstand. Und dann ist das heiße, klebrig-süße Zeug auf einmal viel besser als ein kühles Pilsbier. Ein Seelentröster gar.
Und so von innen erwärmt, findet der Fan auch den Elan wieder, Kopf hoch, bloß nicht hängen lassen, gleich wieder das eigene Team anfeuern. „Vorwärts, gib doch ab, Möönsch, gib ab – ja – ja - Tooooor, Tooooor!"
Danke, Glühwein.

Denksport

Wenn du denkst, du denkst, dann denkst du nur, du denkst. Behauptet jedenfalls ein Schlager, der allerdings längst in Vergessenheit geraten ist. Denk ich mal. Wer behauptet, dass Denken kein Sport ist, vergisst die Weisheit des römischen Satirikers Juvenal und die Forderung antiker Sportfunktionäre: Mens sana in corpore sano. Was bedeutet, dass zu einem durchtrainierten Körper eigentlich auch ein halbwegs geschulter Geist gehört. Das wird heute, da ein Mann mit schwellenden Muskeln und erbsgroßem Gehirn „Mister Universum" werden kann, offenbar nicht mehr ganz so eng gesehen.

Das allein spricht allerdings noch nicht gegen das Denken als Sportart. Nicht von ungefähr spricht man auch vom „Gehirnjogging". Wer Rätsel wie „Wer hat die Luftpumpe erfunden?", „Es hat jeder im Auge, und auch Hera und Athene hätten's gern gehabt. Was ist das?" oder „Zu welcher Tiergattung gehören Seepferdchen?" aus dem Effeff beantworten kann, ist halt geistig fitter als jener, der auf die Frage „Wer hat die Glocke von Schiller geschrieben?" antwortet: „Ich kaufe ein W."

Überhaupt sollte man den Denksport viel populärer machen. Vielleicht wäre Gehirnjogging ein ideales Pflichtfach für die Schule. Ein jährliches Jugenddenksportfest müsste dazu gehören, ebenso wie westfälische Grübelmeisterschaften. Die drei Erstplazierten in den Sparten Vordenken, Nachdenken und Ausdenken fahren dann zu den Deutschen Denkmeisterschaften ins Berliner Denksport-Olympiastadion. Dann klappt's auch wieder mit der Pisa-Studie.

Das Glück dieser Erde

Über Glück ist schon viel geschrieben und noch mehr geredet worden. Glück könne nur empfinden, wer liebt, sagt der Dichter. Und dass das Glück dieser Erde auf dem Rücken der Pferde liegt, glauben vor allem die Fans dieser bedrohlichen Unpaarhufer. Also mein Glück liegt nicht mal in der Nähe dieser hundsgemeinen Tiere. Ich habe nämlich – man ahnt es wohl – eher schlechte Erfahrungen mit schurkischen Kleppern gemacht. Und das kam so:

Ich weilte gerade im Urlaub und schlummerte soeben mit einer an Ekstase grenzenden Begeisterung vor mich hin, als meine allerbeste Angetraute von ihrer Inspektionsrunde um unser Feriendomizil zurückkehrte. „Du", sagte sie in einem Ton, der nichts Gutes bedeutete. „Dahinten kann man Reiten."

„Och nööööö", antwortete ich und wälzte mich auf meiner Liege herum. Natürlich kam's, wie's kommen musste, und kaum zehn Minuten später fand ich mich auf einem Pferd sitzend wieder - zum ersten Mal in meinem an Ereignissen ohnehin nicht gerade armen Leben.

Die Pferdeverleiher hatten noch mehr Opfer gefunden und alle ritten hintereinander her – alle, bis auf mich. Mein Pferd scherte aus und da ich in der Eile das Lenkrad nicht finden konnte, kamen wir, ich und das Ungetüm, immer weiter vom Kurs ab. Mein rechter Fuß tastete nach der Bremse, aber das Biest hatte keine – dabei spricht man immer von „Pferdebremsen". Ich drehte mich um, um andere Reiter auf meine vertrackte Situation aufmerksam zu machen. Doch so sehr ich auch brennenden Auges den Horizont absuchte, ich entdeckte keine Menschenseele.

Als ich wieder nach vorne sah, nahm ich eben noch einen hölzernen Balken in Augenhöhe vor mir wahr, ehe mir endgültig das Licht ausging. In brütender Sonne unter dem Torbogen des Pferdestalls liegend kam ich wieder zu mir – mit einem enormen Horn an der Stirn. Mein Reittier schnoberte unterdessen mit zahlreichen Artgenossen um mich herum.

„Das Glück – kein Reiter wird's erjagen", hat Theodor Fontane so schön formuliert. Recht hat er!

Spiegelfechterei

Frisch geduscht und frottiert schreite ich – nur mit Boxershorts angetan – federnden Schrittes vom Bad in das Schlafzimmer hinüber. Dort treffe ich auf mein Ebenbild im mannshohen Ankleidespiegel. „Och", denke ich, „wenn ich den Bauch etwas einziehe, mache ich noch eine ganz passable Figur."

Spielerisch balle ich die Fäuste vor dem Kinn. Ein paar letzte Wassertropfen glänzen wie Schweißperlen auf der breiten Brust. Tastend führe ich die linke Gerade auf das Kinn meines Gegners. Ein blitzschneller Aufwärtshaken, fast ansatzlos geschlagen folgt. Ich bin hochkonzentriert, das Adrenalin rauscht in meinen Ohren. Weit lasse ich den Oberkörper zurückpendeln, wie Sven Ottke, unerreichbar für die gegnerischen Fäuste. Eine knallharte Gerade. In den Uppercut lege ich alle Kraft. Schnell befreie ich mich aus dem Infight. Alishuffle – und wie eine wütende Hornisse stößt meine rechte Gerade nach vorn. Mein Gegner schwankt, scheint angeschlagen und – löst sich in tausend glitzernde Splitter auf.

Wie soll ich das wieder meiner Frau beibringen?

Hochleistungseltern

Spiel und Bewegung sind die wesentlichen Elemente kindlicher Entwicklung. Kinder lernen durch Bewegung sich und ihren Körper, ihre Umwelt und ihre Mitmenschen kennen. Ein vielfältiges Spiel- und Sportangebot kann die Freude an der Bewegung erhalten oder wecken. Solange nicht die Eltern ins Spiel kommen. Denn dann wird aus Spiel, Sport und Spaß auf einmal Ernst. Denn Eltern wollen immer das Beste für ihre Kinder. Und das Beste ist natürlich Platz 1. Denn wer nicht Sieger ist, ist Verlierer, ist Versager, ist weniger als nix.

Haben Sie schon mal Mini-Kicker auf dem Fußballplatz beobachtet? Die spielen fröhlich vor sich hin, schießen Tore und tun aus reiner Spielfreude, was sie können. Bis so ein Hochleistungsvater in Aktion tritt. „Los, Steffen, lass dich nicht hängen", tönt es über den Platz. Oder: „Also Tobi, echt, das hätte aber ein Tor sein müssen." Und alle Väter sind selbstverständlich der Meinung, dass ihre Söhne das Zeug zur Bundesliga hätten, wenn sie nur härter trainieren würden. Kein Wunder, wenn immer mehr Kindern der Spaß am Sport vergeht und sie lieber im Internet chatten, wovon Daddy keine Ahnung hat.

Solche Hochleistungseltern gibt's übrigens nicht nur auf dem Fußballplatz. Die gibt's in allen Sportstätten der Welt. Es gibt auch Mütter, die ihre Töchter, kaum dass die sich mit Mühe auf Schlittschuhen halten können, zu Eisprinzessinnen zu drillen versuchen. Oder Eltern, die ihre gerade den Lauflernschuhen entwachsenen Kids zu Marathon-Athleten erziehen.

Mein Vater hatte übrigens nie Zeit, meine Dribbelkünste zu „bewundern". Vielleicht macht es mir deshalb auch heute trotz meines hohen Alters noch Spaß, mit den Nachbarkids einen auszukicken?

Sport ist Mord

Man hört ja immer, dass sich die Familien großer Sportler ganz dem Sport unterordnen. Ich kann ein Lied davon singen, seit sich meine allerbeste Gattin entschlossen hat, an einem sportlichen Großereignis teilzunehmen. Nicht am New York-Marathon, aber immerhin am Hermannslauf.

Leider Gottes gehört sie nicht zu den Läufern, sondern zu den Wanderern. Die Wanderer starten in der stadtbekannten Herrgottsfrüh, damit die letzten bis zum Abend die Bielefelder Sparrenburg oder eine der umliegenden Kneipen erreicht haben.

Deswegen hat meine ständige Begleiterin nun auch das Training zu nachtschlafender Zeit angesetzt und ich habe die ehrenvolle Aufgabe, sie vor Tau und Tag zum Start zu fahren, und sie nach erfolgreichem Zieleinlauf wieder abzuholen.

Nun bin ich nicht direkt ein Frühaufsteher. Kaum am Start, verlässt sie denn auch frischen Schrittes das Auto, während mir bereits die Augen zufallen. Wenig später piepst das Handy. „Wie bin ich in der Zeit", fragt sie. „Kei' Ah'ung", gähne ich zurück. Kurz vor dem Ziel meldet sie sich wieder. „Erwartest du mich schon?" – „Bin sofort da", gebe ich zurück und stelle den Liegesitz in Fahrposition.

Ehrlich: Nie ausschlafen zu können, das kann einen Mann richtig kaputt machen. Es ist schon was dran, wenn man sagt: Sport ist Mord

Tanzsport

Nein danke, ich tanze nicht, wirklich nicht. Doch, früher habe ich getanzt, sogar gerne. So als Jüngling konnte man ja nirgends hingehen, ohne einen Tanzkurs absolviert zu haben. Also machte ich auch mit. In Anzug und Krawatte. Ich habe sogar einen Fortgeschrittenenkurs absolviert, der Tanzlehrer bat mich darum. Männermangel, verstehen Sie?

Schließlich habe ich es bis zur goldenen Europa-Tanznadel gebracht. Und immer begeistert dabei. Na, gut, Latein, das war nicht so meine Stärke. Aber Standard . . . Dem langsamen Walzer konnte ich mich regelrecht hingeben. Und natürlich Klammerblues, das war ja früher das Wichtigste überhaupt.

Auch mit meiner ersten Verlobten bin ich noch gerne zum Schwof gegangen. Ach – fast an jedem Wochenende fegten wir übers Parkett. Bis zu jener Nacht.

Den ganzen Abend war mir schon eine etwas streng aussehende, aber sehr üppige Blondine aufgefallen. Wir hatten uns über die Tanzenden hinweg angelächelt. Aber ich war ja in festen Händen.

Dann, meine Verlobte und ich, wir hatten uns gerade hingesetzt, da spielte die Kapelle einen Tusch: Damenwahl! Und wirklich steuerte die Honigblonde direkt auf unseren Tisch zu. Ich hatte mich schon halb erhoben – da forderte sie meine Verlobte auf. Die beiden swingten davon und ich habe keine von ihnen je wiedergesehen.

Und seitdem – nein danke – ich tanze nicht!

Im freien Fall

Fallschirmspringen ist eigentlich gar nicht so schwierig. Selbst mittelmäßig begabten Politikern soll es schon gelungen sein, dabei ein Fußballstadion zu treffen. Die Chinesen haben den Fallschirm erfunden – schon im 13. Jahrhundert. Richtig in Mode kam dieser Sport jedoch erst im Zuge militärischer Auseinandersetzungen. Fallschirmsportler wurden zu jener Zeit allerdings schlecht ausgebildet und selten gefragt, ob sie das Flugzeug wirklich verlassen wollten.

Ich selbst habe mich beim Fallschirmspringen auch schon verletzt und das kam so: Wir Kinder hatten zu dieser Zeit kleine Männchen aus Plastik namens „Parachuter", die an einem kleinen Stoff-Fallschirm hingen. Dieses etwa 20 mal 20 Zentimeter große Stück Stoff wickelte man um den Parachuter und warf das Päckchen dann mit aller Kraft hoch. Oben öffnete sich nun der Fallschirm und der Parachuter segelte dem Boden entgegen.

Nun tat man gut daran, das Fallschirm-Männchen aufzufangen, ehe es den Boden erreichte. Zum einen, damit der Fallschirm nicht voller Dreck war, wenn man den Parachuter wieder fand, zum anderen, weil der Kunststoff zu jener Zeit noch nicht so belastbar war wie heute und kaputt gehen konnte, wenn er auf einen Stein aufkam.

Da leichter Seitenwind herrschte, versuchte mein Fallschirmspringer nun vergebens niederzukommen, wurde aber ostwärts abgetrieben. Und ich, auf meinen kurzen Beinen, nahm die Verfolgung auf. Da es nun darauf ankam, den Fallschirmspringer nicht aus den Augen zu verlieren, übersah ich leider einen dicken Wackerstein, der da niederträchtig im Wege lag. Ich rummste dagegen, verlor den Halt und krachte aus vollem Lauf aufs Pflaster. Das Ergebnis war ein blau gestoßener Zeh, aufgeschürfte Knie und ein Fallschirmspringer, der irgendwo im rough gelandet war und sich versteckt hielt. Mir war's egal –Fallschirmspringen war mir plötzlich sowieso zu gefährlich.

Im hohen Bogen

Eine der Sportarten, die ich am meisten bewundere, ist Bogenschießen. Es ist eine Sportart für Geist und Seele. Konzentration, inneres Gleichgewicht und Balance sind viel wichtiger, als Körperkraft und Kampfgeist. Ich selbst hab's noch nie ausprobiert, denn eigentlich ist Bogenschießen stinklangweilig. Jedenfalls für den, der nicht versunken über Spannung und Entspannung meditieren kann sondern dabei zusehen muss.
Das hat wohl auch ein Jüngling in grauer Vorzeit so empfunden. Müde ließ er seinen Jagdbogen sinken und stocherte damit selbstvergessen in einem alten Schildkrötenpanzer herum, schob ihn soweit hindurch wie es eben ging und zupfte gelangweilt an der Sehne. Und ein wunderbarer Ton erklang, wie der von einer Gitarre (was der Jüngling damals natürlich noch nicht wissen konnte). Aufgeregt über seine wunderbare Entdeckung rannte der Jüngling sofort zu seinem Stamm und spielte ihm etwas vor. „Pah, Musik", hat der Dorfälteste vermutlich gesagt. „Brotlose Kunst!" „Weichei", „Warmduscher" und „Langhaariger Spinner", werden wohl die anderen Krieger hinzugefügt haben. (Der Brauch, werdenden Musikern lustige Namen zu geben, hat sich bis heute erhalten)
Na ja, vom ersten Saiteninstrument mit einem Schildkrötenpanzer als Klangkörper bis zu Jimi Hendrix mussten schon noch ein paar Jahre ins Land gehen. Aber: Ohne Bogenschießen keine Guitarheroes – schon toll was?

48

Im Westen was Neues

Mein Gott war das spannend. Von wegen im Westen nichts Neues. Puh! Das war ein Herzschlagfinale, ein Sportkrimi der Extraklasse. Fünf Tage, die das Nervenkostüm zum Beben brachten. Wahnsinn!

Dabei schien schon vorzeitig alles klar zu sein. Denn nach dem sensationellen 3:1-Sieg über den nun drittplazierten Enger-Westerenger II am vorletzten Wochenende hatten die Null-Achter beste Voraussetzungen geschaffen. Den Aufstieg fest im Blick, war das Team des Trainergespanns Grossmann/Speer hochmotiviert. Gegen den Tabellensiebten SV Rödinghausen wäre alles andere als ein klarer Sieg eine Überraschung gewesen. Und trotzdem: Die Fans zitterten – packen sie's oder packen sie's nicht?

Dann kam der Mittwoch und das entscheidende Spiel. Ums kurz zu machen: Mit einem 9:1 Kantersieg putzen die Königsblauen den Gegner von der Platte. Die erfolgreiche Mischung aus Jugend und Routine hat's gebracht. Sieg, erster Tabellenplatz, Meister der Kreisliga A und Aufsteiger in die ersehnte Bezirksliga.

Nach einer verkorksten Vorbereitung im Winter hatte sich der ehemalige Außenseiter zusammengerissen und einen Neuanfang gewagt. Nach kaum mehr als einem Jahresdrittel ist der Gang in die nächsthöhere Spielklasse gesichert.

VfL Bochum – Borussia Dortmund – Arminia Bielefeld – SV Sundern 08: König Fußball regiert, der Westen marschiert.

50

Kraule, kraule

Eine meiner Lieblingssportarten ist das Kraulen. Es trainiert die Fingermuskulatur, was ja gerade für unsereinen von der schreibenden Zunft von unschätzbarem Wert ist. Besonders gern nehme ich dazu mit meiner Katze im bequemen Ohrensessel Platz. Unter dem Schnäuzchen hat sie's am liebsten. Während ich kraule, wird die Atmung ruhig und gleichmäßig und das zufriedene Schnurren der Katze hat eine geradezu hypnotische Wirkung auf mich. Entspannt treiben wir beide im Nowhereland der Gedanken.

Doch jetzt habe ich gelesen, dass ich alles ganz falsch mache. Zunächst mal habe ich die Beinarbeit bisher ganz außer Acht gelassen: Am gebräuchlichsten sei der Sechserschlag. Dabei empfiehlt man mir, auf einen Doppelarmzug sechs Beinschläge zu machen. Aber das ständige Gezappel hat bei meiner Katze zu ausgeprägten Einschlafstörungen geführt. Und auch mit meiner Gelöstheit war es nicht mehr weit her.

Dann die Atmung! Geübte Krauler, so las ich, sollten stets nach einer Seite atmen und dabei schnell und tief Luft holen. Das trug mir nicht nur einen ausgerenkten Nackenwirbel ein, sondern führte auch noch zu so heftiger Hyperventilation, dass der Arzt mit einer Beruhigungsspritze kommen musste.

Der Höhepunkt aber war die Empfehlung, das Kraulen im Wasser auszuüben. Ja, wie denn, bitteschön? Man weiß doch, dass Katzen mitunter extrem wasserscheu sind!

Leibesertüchtigung

In meiner Jugend hieß der Sportunterricht in der Schule nicht „Sport" sondern „Leibesertüchtigung". Und statt durchtrainierter Sportlehrer kommandierten uns in jener Zeit des Lehrermangels ein paar ausgediente Unteroffiziere mit Trillerpfeifen und „Kehrt marsch"- Befehlen herum. Einer dieser Veteranen war ein kugelrunder unbeweglicher Kommisskopp namens Emil Vogel.

Den etwa drei Kilometer langen, tief morastigen Weg zum Schulsportplatz hatten wir im Dauerlauf zu absolvieren. Zuvor ließ er abzählen und in Zweierreihen antreten. Auf seinen Startpfiff hin liefen wir los. Vogel selbst stieg derweil in seinen klapprigen VW-Käfer, fuhr gemütlich über eine befestigte Straße zum Sportplatz und begrüßte uns dort schon mit aufmunternden Rufen wie „Los, los, ihr lahmen Säcke, vorwärts, bewegt den A . . .".

Eines schönen Tages sah ich, dass ihm der Wagenschlüssel aus der Tasche fiel, als er gerade die Trillerpfeife hervorzog. So schnell es ohne aufzufallen möglich war, stellte ich den Fuß drauf. In einem unbeobachteten Moment hob ich den Schlüssel auf. Mit „Aaangetreeeeten" und „ohne Tritt Marsch" entließ Vogel uns nach der Stunde zurück in die Schule.

Vom Fenster eines leeren Klassenraums aus beobachtete ich, wie Vogel über und über mit Schlamm bespritzt auf den Schulhof gehumpelt kam. Am liebsten hätte ich „Los, los, beweg' den A . . ." gerufen. Das konnte ich mir aber gerade noch verkneifen. Den Schlüssel habe ich dann heimlich beim Pedell ans Schlüsselbrett gehängt.

Luftige Rollenspiele

Neulich hat mich mein Kumpel Otto zum Flugplatz eingeladen. Er ist nämlich Flieger von so einer einmotorigen Propellermaschine. – Mit Otto-Motor (ha!). Motor-Sportflugzeuge sind so ähnlich wie Segelflieger, nur mit Triebwerk. Und deshalb viel sicherer – finde ich jedenfalls. Ich bin halt ein Kind des technischen Zeitalters.

Nach dem Start flogen wir querab, dann kam der Gegenanflugteil, der Queranflug, der Endanflug und die Landung. Als das Flugzeug auf die Landebahn krachte, dachte ich, wir würden Luftschiffbruch erleiden, aber Otto schmunzelte zufrieden.

„Jetzt mache ich Aerobatik", meinte er. „Willst du noch mal mit?" Aero heißt Luft und Batiken kannte ich auch - das habe ich früher immer mit meinen T-Shirts gemacht. Also sagte ich arglos ja.

Dass die Peristaltik – das ist der Schluckreflex – auch aufwärts funktioniert, konnte ich schon beim ersten Looping feststellen. Sonst wäre mir nämlich das Essen von meiner eigenen Kindtaufe hochgekommen. Sekunden später wünschte ich, ich hätte diese nie erlebt. Nach dem ersten Rollenkreis und einer Looping-Acht flog Otto seine Maschine steil nach oben, ließ sie schwanzwärts zurücktrudeln und stürzte mit der Nase voraus hinab.

Als die Maschine nach endlosen Drehungen endlich wieder sicheren Boden erreicht hatte, taumelte ich, bleigrau im Gesicht, die Stehleiter hinab und sank auf die Rollbahn. Dass Batik auch von Akrobatik stammen kann, das muss einem doch mal gesagt werden.

Freeclimbing

Ich habe das alles selbst erlebt: Den Höhenrausch, den Adrenalinkick, das Gefühl, ganz oben und ganz unten zu sein. Es war an einem stillen Sonntagmorgen. Ich lege den Kopf in den Nacken, um den Gipfel zu sehen. „Sollen wir hier nicht erst ein Basislager aufschlagen?" – „Quatsch, das schaffen wir locker", meint meine allerbeste Ehefrau.

Der Einstieg beginnt. Knirschend graben sich meine grobstolligen Kletterschuhe ein. Mit jedem Schritt wird die Luft dünner. Keuchend hänge ich zwischen Himmel und Erde – unter mir weißer Sand, so weit das Auge reicht. „Bloß nicht nach unten schauen", zuckt es mir durchs Gehirn. Der Anblick soll ja Kletterer direkt in den Tod reißen. Im selben Moment rutscht mein Standbein weg. Einen Augenblick, in dem mein ganzes Leben vor meinem geistigen Auge vorbeirauscht, hänge ich nur an den Fingerspitzen über dem Abgrund. Meine schweißnassen Finger krallen sich mit aller Macht fest. Wild mit den Beinen rudernd finde ich Halt.

„Sollten wir nicht besser angeseilt sein?" ächze ich nach oben. Hell lachend hüpft meine Göttergattin über mir aufwärts wie eine Bergziege. Der Ausblick vom Gipfel entschädigt für alle Qualen. Stunden später erreiche ich das nicht aufgebaute Basislager und lasse mich seufzend in den weichen Sand fallen. Eine Warnung noch für etwaige Nachahmer: Das Klettergerüst auf dem Kinderspielplatz im Aawiesenpark ist eigentlich nur für Personen bis 12 Jahre.

DOING
DOING
DOING

DONK

FALL

Macht der Reiter „Plumps"

Von allen niederträchtigen Turngeräten, an denen ich durch mein sportliches Leben gescheitert bin, ist das Seit- oder Pauschenpferd wohl das allerhinterhältigste. Man würde die Erfindung dieses Marterwerkzeugs durchaus dem sadistischen Pädagogen Turnvater Jahn zutrauen. Allerdings ist die älteste Beschreibung vom Turnen an einem künstlichen Pferd bereits rund 1.000 Jahre alt. Verfasst wurde sie von Renatus Vegetius, der in einem "Abriss über das römische Heerwesen" vom Üben der Soldaten an einem hölzernen Pferd berichtet. Das Pauschenpferd wird wegen seiner Griffe, der „Pauschen", so genannt.

Auf diesen Pauschen stand ich nun mit den Händen aufgestützt, wobei auf jeder Längsseite des Pferdes ein Bein herunterhing. Der für die Ertüchtigung meines Leibes zuständige Lehrkörper empfahl mir nun, abwechselnd nach rechts und links zu schwingen und mich dabei auf jeweils einer Pausche abzustützen. Ich dagegen war mir sicher, dass ich sofort vom Pferd fallen würde, wenn ich einen der Bügel loslassen würde. Dennoch holte ich brav Schwung.

Seltsam, welche Gedankenfülle einem in Sekundenbruchteilen durchs Gehirn schießt, und in welcher absoluten Klarheit: In einer Nanosekunde begriff ich, dass mir beim Schwingen mein eigener Arm in Weg sein würde. Ich ließ mit der linken Hand los und erkannte – noch immer in derselben Nanosekunde – dass das keine gute Idee war.

Krampfhaft umklammerte ich den rechten Bügel – doch umsonst. Schwungvoll krachte ich mit meinen edelsten Teilen auf den linken Griff. Noch Tage später ging ich breitbeinig wie John Wayne und war vom Sportunterricht befreit.

In England nennt man das Seitpferd übrigens „Pommelhorse".
Ob da ein ursächlicher Zusammenhang mit meinem kleinen
Missgeschick besteht, entzieht sich allerdings meiner Kenntnis.

Mach mal Pause

Ach du Schreck, so höre ich manchen Fußballfan greinen,
Winterpause! Kein Kick'n'rush mehr in der Sportschau. Der
Sinn des Lebens ist dahin, der Horror vacui macht sich breit.
Aber, aber, wer wird denn gleich in die Gruft gehen, tröste ich
da. Dann hat das Fernsehen halt mal Sendezeiten für andere
Wettkämpfe, die man nur selten zu sehen bekommt - so wie
Trockenschwimmen und „Ball über die Schnur".
Vielleicht entdeckt man ganz tolle neue Sportarten oder
begegnet seinem zukünftigen Hobby, von dem man heute noch
gar nichts gehört hat. Was es da nicht alles gibt: Skiflug, Bob-
fahren, Slalom, Eiskunstlauf, Curling, äh . . . und – äh - dann
fängt ja auch die Saison für Hallenfußball wieder an. Interes-
sante Paarungen, rasante Spielzüge auf engem Raum, wie beim
Billard über die Bande spielen und all das! Super, echt su . . .
Ehrlich gesagt, eigentlich hasse ich Sport, der im Schnee
stattfindet - der Winter ist sowieso nicht meine Zeit. Und der
Hackel Schorsch ist bestimmt ein toller Sportsmann, aber so
einen Eiskanal finde ich viel zu kalt. Und Hallenfußball
erinnert mich immer an Sitzfußball in der Schule – buhuhu,
wann ist denn bloß diese blöde Winterpause endlich vorbei?

Mimen-Weitwurf

Wenn man heute von Casting hört, dann denkt man automatisch an die Prüfungsauftritte für maximal mittelmäßig begabte Laienschauspieler, die einmal prominente oder wenigstens bekannte Mimen in überflüssigen Vorabend-Seifenopern werden wollen. Casting ist aber auch etwas ganz anderes, über dessen Sinn und Unsinn man ebenfalls lange diskutieren könnte: Casting ist Angeln ohne Fische.

Wer jetzt eine gemütliche, erholsame und zweckfreie Freizeitbetätigung erwartet, liegt schief. Denn wie der Mensch so ist, sobald er zum Sportler mutiert: Er sucht den Wettbewerb. Casting ist Englisch und heißt nichts anderes als Werfen. Und das ist es auch. Der Sportler hat eine Angel, an der vorn statt eines Hakens ein Wurfgewicht befestigt ist und versucht dieses nun mittels schwungvoller Bewegung der Angelrute in einen Eimer zu befördern.

Da lässt man es nun nicht einfach liegen, um sich vom Sport ein wenig auszuruhen, nein, man zieht die Angelleine wieder ein und castet erneut und wieder und wieder und so weiter. In insgesamt drei Klassen und alles in allem 11 Disziplinen: Ziel- und Weitwürfe, mit Fliegenrolle, Stationär-Rolle oder Multirolle – was immer das auch bedeuten mag. Und weil der Sport aus England stammt, dürfen durchaus nicht an jedem Durchgang Frauen teilnehmen. Da ist der Brite bekanntlich konservativ.

Vielleicht sollten man das mit dem „in den Eimer werfen" auch bei dem anderen Casting mal einführen. Dann blieben uns allerhand unnötige Filmchen und manches entbehrliche Möchtegern-Starlet erspart.

Olympische Nachtgedanken

Ehrlich gesagt, ich habe mich schon oft gefragt, warum die Staaten dieser Welt immer so scharf darauf sind, sportliche Großereignisse ins eigene Ländle zu holen. Schließlich kosten die Vorbereitungen für derartige Events, wie man neudeutsch zu sagen pflegt, eine richtige Stange Geld.

Inzwischen sehe ich allerdings klarer: Denn wenn ich am frühen Morgen – so gegen 11 Uhr 30 – meine sportbegeisterten Mitmenschen mit viereckigen Augen durch die Gegend taumeln sehe, dann vermute ich, dass sie an diesem Tag wenig zum Bruttosozialprodukt beitragen werden. Spiele im eigenen Lande lassen sich auch nach Feierabend noch genießen. Was unsere Athleten Down Under leisten, läßt sich eben nur in den Nachtstunden live erleben – mit dem entsprechenden Opfer an Schlaf und Arbeitskraft.

Andererseits frage ich mich angesichts dessen, was in unserem Land so geleistet wird, wenn keine sportliche Großveranstaltung ins Haus steht, ob zwei Wochen olympischer Schlendrian wirklich soviel Schaden anrichten kann.

Was mich gleich auf die Idee bringt, ob man nicht auch alle vier Jahre eine Politik-Olympiade veranstalten könnte. Politiker aller Länder treffen sich und wetteifern mit ihren Fähigkeiten und Ideen. Und die Goldmedallienträger sind dann automatisch für vier Jahre gewählt.

Halt nein! Zu gefährlich! Was wäre, wenn am Ende Deutschland nur eine Goldmedallie gewinnen würde? Das wäre ja ein Rückfall in die Diktatur. Oder in die Ära Kohl!

Entsenden wir also lieber auch weiterhin unsere Sportler nach Olympia. Die bestimmen unser Schicksal nämlich allenfalls im Medallienspiegel.

Fliegende Untertassen

Wo sind eigentlich die Frisbees geblieben? Es gab doch Zeiten, als diese fliegenden Untertassen in allen Farben des Regenbogens den Himmel verdunkelten. Aus, vorbei – nicht mehr in. Dabei war das mal ein Sport, in dem ich gar nicht so schlecht war. Ich weiß noch, dass wir so einen Frisbee-Ring besaßen, der eine aerodynamische Kante hatte, die ihm besondere Flugeigenschaften verlieh. Ein biegsamer Karbonring im Inneren des Frisbees sorgte für eine ausgezeichnete Richtungsstabilität. Mit diesem High-Tech-Frisbee waren Würfe von mehr als 50 Metern möglich. Allerdings war das Sportgerät sehr hart – ich erinnere mich, dass meine Fingernägel damals wie abgeknabbert aussahen, weil es bei Fangversuchen oft schmerzhafte Kollisionen mit den Fingerspitzen gab.

Mein Kumpel Eric hatte eine Scheibe, die im Dunklen phosphorisierend leuchtete, wenn man sie kurz unter einer Straßenlaterne „aufgeladen" hatte. Natürlich musste man damit im Stockfinsteren spielen, damit man den Leuchteffekt auch genießen konnte. Bei einem flotten Spiel zu viert war ich schon zweimal kopfüber in die Brennnesseln gefallen, ehe mich der scharf geworfene Frisbee an der Nase traf. Meine allerbeste Gattin, die natürlich mit von der Partie war, empfahl mir, mich wegen des starken Nasenblutens lieber auf den Rücken zu legen. Wobei ich ein drittes Mal in den Brennnesseln landete.

Mein Interesse am Frisbeespielen war danach einige Zeit deutlich abgeklungen. Dass der ganze Sport aber deshalb in der Versenkung verschwindet, wäre doch nicht nötig gewesen. Meinen High-Tech-Ring habe ich aber noch. Hat jemand Lust auf ein Spiel?

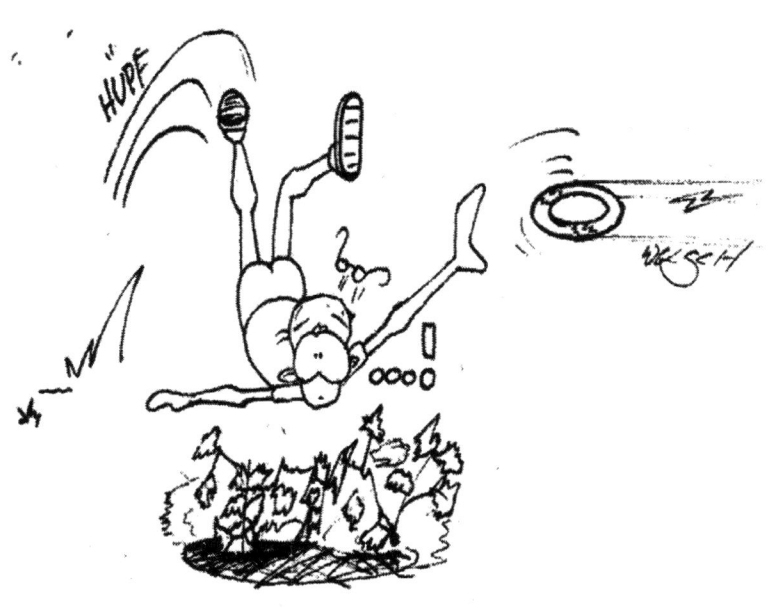

Olympia-Nachwuchs

Dass zuviel Sport im Fernsehen nicht gut für Kinder ist, musste ich neulich unweit meiner eigenen Haustür miterleben. Es gibt dort einen gepflasterten Privatweg, der von der höher gelegenen Bünder Straße auf unseren Weg hinunterführt. In der Mitte macht der Weg einen scharfen Knick. Dort wird das Gefälle durch eine gut 80 Zentimeter hohe Stützmauer abgefangen. Obwohl Privateigentum, wird der Weg von der ganzen Siedlung genutzt. Auch ich war gerade dorthin unterwegs, als zwei Knaben in einem vierrädrigen Handwagen über das Pflaster bergab polterten und direkt auf den Abgrund zurasten.

Ich wollte rufen, aber der Schrei blieb mir im Halse stecken, als das Gefährt über den Absatz hinaus flog und mit den Vorderrädern voran auf den darunter liegenden Asphalt krachte. Dem vorn sitzenden Jungen wurde die Deichsel aus den Händen gerissen, der Karren scherbelte über den Asphalt und kippte um.

Ich lief hin, um zu helfen, aber die beiden rappelten sich gerade auf. Der vordere trug einen alten Halbschalenhelm, der andere einen Kochtopf, der mit einem Strick unterm Kinn festgebunden war. Sie stellten sich als Hackl Schorsch und Sven Hannawald vor. „Ach", dämmerte es mir, „ihr übt wohl für Olympia?" „Genau", maulte Sven Hannawald unter seinem Kochtopf hervor. „Und das wäre unser Rekord gewesen, wenn du nicht gekommen wärst."

Also, dass ich zwei hoffnungsvollen Jung-Olympioniken so ihre Karriere verdorben habe, das belastet mich persönlich schon. Ehrlich!

Olympic X-mas

Jetzt kommt das Weihnachtsfest, da hat der Sport erst mal Pause. Das Fest verbringt auch der begeistertste Sportsmann im Kreise seiner Lieben, futtert die fette Weihnachtsgans, stopft Unmengen von Süßigkeiten in sich hinein und spricht auch so manchem guten Tropfen zu. Und so manchem Magenbitter, damit all' die Köstlichkeiten auch den vorgesehenen Weg gehen. Nach dem Fest betritt der Sportler dann satt und träge wieder die Arenen dieser Welt.

Doch halt! Das muss nicht sein! Das Rezept für sportive Weihnachtsfreuden heißt Olympic X-mas. Machen Sie aus Weihnachten eine olympische Disziplin für die ganze Familie. Beispiel: Wer beim ersten „Klingglöckchen klingelingeling" die Strecke von der Küche über den Flur ins Wohnzimmer bis zum Tannenbaum nicht in unter fünf Sekunden schafft, bekommt keine Geschenke (Opa kriegt drei Schritte Vorsprung).

Wer schafft es, „Oh Tannenbaum" am schnellsten runterzusingen? Wer ist der Erste beim Aufreißen der bunten Päckchen? Wer hat sein Spielzeug am schnellsten kaputt? Wer kann in 25 Sekunden die meisten Weihnachtslieder aufzählen? Wer schafft es, die Kerzen am Weihnachtsbaum in weniger als einer halben Minute anzuzünden? Wer ist der beste beim Löschen des brennenden Baumes?

Alles wird fein säuberlich notiert, der Rest der Familie ist die Jury. Und wer nach Weihnachten als erster seine Geschenke umgetauscht hat, bekommt noch einen Bonuspunkt. Der Sieger gewinnt einen Pokal in Form einer silbernen Christbaumspitze und einen dreiwöchigen Kuraufenthalt in einem anerkannten Sanatorium. Er wird ihn nötig haben.

Olympische Ringe

Jetzt ist es da, das Fernsehereignis der Superlative. Rund 25 Millionen kostet ARD und ZDF die Live-Übertragung aus Salt Lake City. 300 Stunden Wintersport flackern während der nächsten beiden Wochen in unsere Wohnzimmer. Rechnet man 14 Tage à 24 Stunden, dann ergibt das 336. Das heißt, jetzt kommt Sportfernsehen rund um die Uhr, nur unterbrochen von Nachrichten und Werbung. Damit hinterlässt Olympia im fernen Amerika seine Trampelpfade quer durch unsere ostwestfälische Heimat.

Vorrauschauende Sportfans reichen für die Zeit vom 8. bis zum 24. Februar Urlaub ein. Ausgewogene Sportlernahrung hält den Marathon-Gucker 24 Stunden am Tag fit. Die Zeitverschiebung um minus acht Stunden erleichtert das Durchhalten: Die wichtigsten Ereignisse wie Skispringen und Abfahrt fallen in die Stunden nach der Mittagspause, wenn die Biorhythmuskurve nach oben zeigt. Letzte Nachrichten in den frühen Morgenstunden werden im Halbschlummer weggeguckt. So ist man um neun Uhr vormittags wieder topfit, wenn sich die Athleten für den Riesenslalom und den Zweierbob warm machen.

Die Folgen solcher TV-Exzesse sind vorhersehbar: Die Notärzte stellen sich wegen der zu erwartenden Herzschlagfinals auf finale Herzschläge ein, Kurhäuser der umliegenden Bäderstädte schlagen in Kellerräumen und Dachkammern zusätzliche Gästebetten auf, Ehen gehen die Brüche und Städte und Gemeinden halten unter dem Stichwort „Olympia-Waisen" Auffangplätze für die Kinder zerrütteter Familien bereit.

Stolz wird der Fernseh-Olympionike, der all das übersteht, nach der Schlussfeier seine dunklen Augenringe zur Schau stellen. Schließlich sind es Olympische Ringe.

Pfeilgerade

Darts, zu Deutsch: Pfeile werfen, ist ja ein schöner Sport, auf den man auch verzichten kann. Man fängt bei 301 Zählern an, zieht alles, was man so zusammenwirft, ab und wer als erster auf Null landet, der hat gewonnen.

Das wäre soweit so gut, wenn es auch „unter Null" gäbe. Nehmen wir an, jemand hat noch 40 Punkte. Jetzt trifft er ein „Bull's eye" – das ist der Mittelpunkt. Normalerweise ist das ein Grund der Freude, zu ausgelassener Feierei und Trinkgelage. Jetzt aber ärgert man sich doppelt schwarz, nämlich erstens, weil ein Bull's eye 50 Punkte gibt, aber man bloß noch 40 hat. Und zweitens: Wann trifft man schon mal ins Bull's eye? Und jetzt gilt es noch nicht mal. Wie blöde!

Besser ist da schon, man wirft zum Beispiel auf die 7, die 3 und die 9. Dann hat man nur noch 21 Punkte. Das ist aber auch wieder dämlich, wenn man beim nächsten Mal die 13, die 15 und die 12 wirft. Dann hätte man ja besser vorher gar nicht die 7, die 3 und die 9 geworfen, nicht? Oder man wirft die 14, die 16 und die 10 – genau dasselbe, nicht?

Noch blöder aber ist es, man hat nur noch 21 Punkte und man wirft einmal die 11 die 5 und einmal daneben. Das Danebenwerfen ist nämlich viel leichter als gedacht. Dabei sagt man immer „pfeilgerade", nicht?

Also, das ganze Darts kann einen schon verrückt machen. Am besten, man lässt die Finger davon.

Drunter und Drüber

Es ist ja eine Unart, Sportlern immer wieder Hindernisse in den Weg zu räumen. So kam unser Sportlehrer einmal auf die blendende Idee, wir sollten einen Hürdenlauf absolvieren. Da ich schon einen normalen Hundertmeterlauf als eine unzumutbare Härte betrachtete, lehnte ich diesen Vorschlag unseres Lehrkörpers rigoros ab.

Mit manchen Leuten kann man einfach nicht diskutieren. So hievten wir schwitzend schwere Hürden über den Schulhof. Damals waren das noch nicht solche Kleinmädchen-Hürden wie heute, aus leichtem Aluminium und mit gepolsterten Latten – unsere waren aus Stahl und hatten rot-weiß bepinselte Bretter.

Hürdenlauf ist ganz einfach: Entscheidend ist die flache Kurve des Körperschwerpunktes bei der Hürdenüberquerung. Der Abstoß muss weit vor der Hürde erfolgen, der Rumpf muss vorgebeugt sein, damit der Sprung möglichst flach über die Hürde streift. Soviel zur Theorie.

Schon als ich wie ein rostiger D-Zug auf die erste Hürde zudampfte, ahnte ich, dass ich diese Barriere nie bezwingen würde. Ich riss das Bein hoch – zu spät, viel zu spät - und donnerte in voller Fahrt mit dem Schienbein unter die Querlatte. Während ich anmutig umherhüpfte und mir das lädierte Bein hielt, trat ich auf die Fußstrebe der umgefallenen Hürde, die dadurch hochschnellte und mir gegen den Ellenbogen knallte.

Schön war, dass ich drei Tage das Bett hüten durfte und nicht zur Schule musste. Nicht so doll war, dass die Platzwunde am Schienbein und der geschwollene Ellenbogen wirklich saumäßig wehtaten.

Ping & Pong

Hektisches Klickern lockte mich vor die Garage meines Nachbarn. Ich schaute durch die offene Seitentür und sah die beiden Söhne in ein heftiges Tischtennismatch versunken. Ich sah dem verbissenen Ping-Pong-Ballett zu und außer dem ständigen Ping und Pong und dem gelegentlichen Stöhnen der beiden Kontrahenten war nichts zu hören. Dann klickerte der Ball vom Brett und gönnte sich vor meinen Füßen eine Auszeit.

„Oh, Hallo", begrüßte mich der sommersprossige Doppelwhopper. „Auch mal mitspielen?" „Warum nicht", antwortete ich gegen den besseren Rat meiner inneren Stimme, die mir aufgrund schmerzlicher Erfahrung von derlei sportlichen Aktivitäten abzuraten pflegt. „Mit der Pfanne in der Hand soll ich angeblich ganz gut sein."

Der ältere der beiden schlug auf. Wo der Ball plötzlich geblieben war, war mir ein Rätsel. „Langsam", sagte ich. „Ich muss mich erst mal eingewöhnen." „Okay", antwortete mein halbwüchsiges Visavis. „Ich mach dann mal `n paar Baby-Angaben." Ich hatte Glück – schon die zehnte – oder war es die zwölfte? – Babyangabe konnte ich zurückschlagen. Doch wie von einer Gummiwand prallte der Ball zurück in mein Feld. Erstaunlicherweise erwischte ich das kleine weiße Plastikgeschoss noch einmal, ehe mein unerbittlicher Gegner es so auf die Platte drosch, dass es aus meinem Gesichtsfeld verschwand und irgendwo durch die Garage klickerte. „Äh", machte ich. „Ich glaube, ich habe den Herd nicht ausgeschaltet. Ich geh mal lieber eben nachsehen."

„Mieser Abgang", dachte ich bei mir, während die Sommersprossenbrüder hinter mir kicherten. Na ja, besser weichen als eine Schlacht verlieren, sagt der Volksmund. Oder so.

Die Radtortour

Vor meinem Fernsehsessel fährt die Tour de France vorüber. Muskulöse, sehnige Männer treten mit strammen Waden in die Pedale. Mein Blick gleitet an mir herunter. Von meiner Leibesmitte aus grinst frech ein Genießerhügel zurück. „Na ja", tröste ich mich. „Schreibtischberuf und das alles . . .".
Da radelt Jan Ullrich durchs Wohnzimmer. Auch ein Esser von hohen Gnaden, aber jetzt – kein Gramm zuviel drückt auf den Sattel. Da steht mein Entschluss fest: „Ich mache schnell noch eine Radtour", rufe ich meiner allerbesten Ehefrau zu, die gerade in der Küche das Abendbrot zubereitet.
In der Garage hängt tatsächlich noch mein altes Fahrrad an der Wand. Nur schade, dass der Vorderreifen platt ist. Kein Problem, das war doch früher in wenigen Minuten . . . und da ist ja auch noch Werkzeug in der Satteltasche. Sieht zwar nicht allzu vertrauenswürdig aus, wird aber schon gehen. Leider rutscht der Schraubenschlüssel ab, wobei die scharfkantige Radmutter einen blutigen Striemen auf meinem Handballen zurück lässt. Ein Tropfen Öl soll manchmal Wunder wirken.
Allerdings ist das Kännchen undicht. Das Öl vermischt sich auf meiner Sonntagshose mit dem Blut von meiner Hand. Ich geb's auf. Missmutig hänge ich das Rad auf den Haken zurück. Den aber hat das hohe Alter wohl zermürbt. Eben will ich den Ort meiner Niederlage verlassen, da fällt mir das Fahrrad voll Hinterlist in den Rücken. Unsanft lande und ich auf dem Garagenboden.
„Na, wie war die Radtour", flötet die Gattin, als ich seufzend in den Fernsehsessel sinke. „Schön", raunze ich. Vor mir strampelt noch immer Jan Ullrich. Ich schalte um. Zum Glück gibt's bald was zu essen.

Rennsport

Einen wunderschönen Nachmittag, verehrte Rennsportfreunde, wir berichten heute vom Tourenwagenrennen zwischen Hannover Nord und Kreuz Maschen. Der Start ist soeben erfolgt, das Renngeschehen ist im vollen Gange.

Kopf an Kopf ziehen Jaguar und Mercedes in die Kurve. Schafft es der Pilot des Jaguar, den Boliden mit dem Stern auszubremsen? Von hinten schiebt sich Porsche Millimeter für Millimeter an das Spitzenduo heran, touchiert fast den vor ihm fahrenden Mercedes und schiebt sich schließlich an der Spitzengruppe vorbei und zeigt seinem Kontrahenten die Rücklichter. Das ist Rennsport, wie er packender nicht sein kann.

Im Verfolgerfeld drängeln sich Opel und Nissan um die Plätze. Da schießt von rechts ein Mazda mit hohem Tempo rücksichtslos aus der Boxengasse – au, das wird eng. Da muss der Nissanfahrer voll in die Eisen und kann sich eben noch hinter den Opel retten. Sekunden später wird der vom Fahrer des Audi rücksichtslos verblasen und kann sich nur noch auf den Seitenstreifen retten, wo er ins Rutschen kommt und volles Rohr in Fangzäune brettert. Ja, schade, meine Damen und Herren, das Opel-Team muss leider aus dem Rennen aussteigen.

Und wo bleibt BMW? - Wie Sie wissen, verehrte Rennsportfreunde, ist Hektor Hastig wegen einer Panne zurückgefallen, aber jetzt rollt er das Feld von hinten auf, um wie gewohnt einen der ersten Plätze einzufahren. Jetzt überholt er auf der dritten Spur der zweispurigen Strecke! Das ist typisch Hecki, wie ihn die Rennsportfans nennen, da kennt der alte Bleifuß nix.

Und ganz zum Schluss, wenn sich der Staub schon fast wieder gelegt hat, komme ich mit meinem bejahrten Golf-Kombi und wundere mich, dass bei dieser Raserei auf unseren Autobahnen nicht noch mehr passiert, aber wirklich!

Herrscher der Lüfte

Jetzt fliegen sie wieder. Sven Hannawald, Adam Malysz, Noriaki Kasai und wie sie alle heißen. Schon als Fernsehzuschauer hält man den Atem an, wenn sich die Jungs mit Todesverachtung in die Tiefe stürzen, vom Schanzentisch abheben und ohne Netz und doppelten Boden hundert Meter weit durch die Lüfte segeln. Erst wenn sie wieder auf der schneebedeckten Piste aufsetzen, entringt sich dem Zuschauer ein Seufzer der Erleichterung.

Ehrlich gesagt, ich mag die Ski-Übertragungen nicht. Nicht, dass ich moralische Bedenken hätte von wegen „Der Mensch versuche die Götter nicht". Und auch Ikarus, der im jugendlichen Überschwang der Sonne zu nahe kam und abstürzte, kommt mir angesichts der Skiflieger selten in den Sinn. Doch schon, wenn die Kamera den Blick von der Anlauframpe in die Tiefe einfängt, zappe ich weiter. Aus einem simplen Grund: Mir ist das einfach zu aufregend. Da schau ich schon lieber einen harten Thriller. Da bin ich sicher, dass Stürze nur gekonnte Stunts sind und das Rote ist Theaterblut.

Eines sollte man den selbsternannten Brettel-„Adlern" allerdings vorsichtshalber mal mit auf den Weg geben, nämlich die Erkenntnis des philosophischen Humoristen Wilhelm Busch: „Wenn einer, der mit Mühe kaum geklettert ist auf einen Baum, schon meint, dass er ein Vogel wär' – dann irrt sich der."

Wieso eigentlich Handball?

Bei uns an der Schule war Handball kein Sport, den zu betreiben man sich entschloss. Man scheiterte hinein, wenn in der Fußball-Schulmannschaft kein Platz für einen war. Nur ich hatte mich gleich freiwillig für Handball entschieden. Ich ahnte, dass ich mit meinen krummen Füßen für die höheren Weihen des kick and rush nicht geeignet war. Und weil ich der Einzige war, der freiwillig Handball spielte, gelang es mir das ganze Team von enttäuschten Fußballfans allmählich zu begeistern. Wir wurden ein richtiges Team – ein richtig gutes!

Und während unsere Fußballer schon in der Vorrunde der Schulmeisterschaften baden gingen, putzten wir in einem angstschweißtreibenden Finale das Team des Paul-Gerhard-Realschule aus der Nachbarstadt mit 5 : 4 und waren Kreisrealschulmeister! Wir waren die Kings!

Nur eins ist echt blöd am Handballspielen: Immer, wenn mich heute mal so ein fußballbegeistertes Bürschchen aus der Nachbarschaft zu einem Straßenkick herausfordert, falle ich fast über meine Füße, während er mich schwindelig dribbelt. Und wenn ich dann gestehe, dass ich früher Handball gespielt habe, dann muss ich immer dieselbe entgeisterte Frage beantworten: Wieso denn Handball????

Salt Lake Fieber

Es ist alles nicht so schlimm geworden mit dem Olympia-Wahnsinn, wie ich es vorhergesehen habe. Nein, es ist viel schlimmer! Selbst mein angetrautes Eheweib, das bei einer normalen Sportschau schon eingeschlafen ist, ehe der stets überschwängliche Herr Steinbrecher sein Begrüßungsritual beendet hat, klebt allabendlich vor der Glotze. Wenn unsere Kufenmädels um Edelmetall über die Eisfläche kratzen, hat die Uhr plötzlich keine Zeiger mehr.

Selbst die Nachbarskinder sind völlig olympiahigh. Zum Glück bieten weder die klimatischen Bedingungen noch die Hügelformationen in Ostwestfalen den Kids Gelegenheit, Sven Hannawalds Silbersprung zu kopieren. Dafür sah ich die kleinen Rangen nach dem überraschenden Abschneiden des deutschen Eishockey-Teams vorgestern auf Rollerblades mit Spazierstöcken bewaffnet einem zum Puck umgewidmeten Tennisball hinterher jagen. Im Regen!

Was aber noch nicht das Schlimmste war. Viel schlimmer war nämlich, dass der Großvater dieser Goldkinder ohne seine Gehhilfen hilflos vor der Glotze saß und gezwungen war, sich die Wiederholungen der Wiederholungen vom Vortag anzusehen. Scheußlich!

„Olympia, Olympia, du bist ‚ne dufte Tante'", sangen die Jecken an Rhein und Ruhr vor einigen Jahren. Wie viel Elend so eine Veranstaltung aber auch mit sich bringen kann, darüber denken diese Pappnasenträger nicht nach. Typisch!

Rollende Kugeln III

Die Sportart, die für einen älteren Herrn wie mich die ideale ist, heißt Boule. Italiener nennen sie Boccia. Bei dieser Sportart tritt die Bewegung in den Hintergrund, die Hauptsache ist die Konversation. Beim Boulespiel könnte man herrlich über die Weltpolitik oder die Geschäfte sprechen. Aber diese Art des Gesprächs bleibt dem Golf vorbehalten.

Beim Boule geht es um Themen, die mit der wilden lauten Welt da draußen nichts mehr zu tun haben. Über den Weinjahrgang 1975 zum Beispiel, oder warum das Brot heute nicht mehr das ist, was es mal war.

Natürlich gibt es auch heiße Diskussionen: „Diesen Stoß hättest du werfen müssen!" – „Du bist wohl nicht bei Trost? So einen Stoß wirft man doch nicht, das macht man mit Gefühl. Und mit Ü-ber-le-gung!" (siehe Asterix Band VI, „Tour de France", Seite 32).

Ganz entspannt, wenn auch mit etwas Rückenschmerzen vom vielen Bücken, kehrt man danach ins reale Leben zurück. Mal ganz ehrlich: Sollte nicht jeder Sport so sein? Unterhaltsam, friedlich, entspannend und ein bisschen nicht von dieser Welt?

Ring El Pietz

Es gibt nur wenig Erbaulicheres, als mit einem guten Glas Rotspon im Sessel zu sitzen und in vergilbten Sportbüchern zu blättern. Die Dinge, die dort im vollen Ernst deutscher Sportfunktionäre niedergeschrieben wurden, sind bisweilen an Komik kaum zu überbieten. Wussten Sie zum Beispiel, dass es einmal ein Spiel namens „Ringtennis" gab, das sich vor allem in der Zeit zwischen den beiden Weltkriegen hoher Beliebtheit erfreute?

Es handelte sich dabei keineswegs um Pingpong im Boxring, sondern um eine Art Völkerball mit einem Gummiring. Was sich anhört wie ein Zeitvertreib für gelangweilte Sonnenanbeter, wurde mit typisch deutscher Gründlichkeit in ein enges Korsett aus Spielregeln gepresst.

Ich finde, Ringtennis sollte olympisch werden! Allen Ernstes! Das Spiel hat Vorbildcharakter!

Hier ist das körperlose Spiel, das der Fußballkaiser immer vergebens gefordert hat, dem Sport immanent. Hier kommt es auf Schönheit an, statt auf Kampfgeist: Schon ein wackelig geworfener Ring gilt als böses Foul und wird mit einem Punkt für den Gegner geahndet. Das Täuschen des Gegners – sonst hohe Kunst jeglichen Wettkampfes - ist hier untersagt. Und wer etwa voller Niedertracht den Ring mit beiden Händen zu fangen sucht, macht ebenfalls einen Fehler und gibt einen weiteren Punkt ab.

Ringtennis für Olympia! Welches Spiel verdeutlichte besser den unbedingten Willen zur Völkerverständigung? Nur das Werfen von Wattebäuschchen kann noch verbindender sein!

Tierisch sportlich

Wenn's eine Sportart gibt, die wirklich den ganzen Körper trainiert, dann ist das der Hundesport. Nun könnte man denken: Ja ja, Herrchen und Frauchen sitzen bei Kaffee und Kuchen, während Hasso, Fifi und Bello sich im Reckturnen und Stabhochsprung üben. Aber so ist es gar nicht. Mitnichten!

Vielmehr hüpfen die stolzen Hundebesitzer zwischen Slalomstangen hin und her, kriechen durch finstere Tunnelröhren, klettern über mannshohe Hindernisse und versuchen dabei noch, ihre Vierbeiner zu animieren, es ihnen nachzutun. Währenddessen hocken Hasso, Fifi und Bello zusammen und diskutieren kläffend darüber, was ihre Schappidosenöffner wohl zu derart schweißtreibendem Unsinn angestiftet haben könnte.

Zwischendurch brüllen Herrchen und Frauchen auch noch hinter ihren vierbeinigen Freunden her, die sich gelangweilt entschlossen haben, die nächste Kneipe anzusteuern. Und auch die Stimmbänder sind ja letztendlich Muskeln, gell?

Ja, meine Damen, der Hundesport fordert den ganzen Mann.

Triathlon

Triathlon ist die Königsdisziplin des Sports. Der Iron-Man auf Hawaii ist die Kaiservariante. Ich war dabei! Natürlich nicht auf Hawaii, da war ich noch nie. Obwohl ich gerne mal hin möchte – wegen des Hulahula – Sie verstehen? Aber einen kleinen Triathlon habe ich auch schon geschafft: Drei Kilometer Radfahren, drei Kilometer Schwimmen und drei Kilometer Laufen. Und das kam so:

Fröhlich radelte ich an einem schönen Sommertag die drei Kilometer bis zum Freibad in meiner Heimatstadt. Mutig stürzte ich mich in die Fluten – na ja, drei Kilometer schafft man ja locker an so einem Badetag. Die drei Kilometer nach Hause musste ich dann Laufen, weil mir inzwischen jemand das Fahrrad geklaut hatte.

Okay, man kann jetzt einwenden, das wäre gar kein richtiger Triathlon gewesen, wegen der fehlenden Wettkampfbedingungen und so. Aber etwas von der Kaiserdisziplin habe ich mir trotzdem bis heute bewahrt: Den Iron-ie Man.

Mixed-Fußballturnier

Siegerin des Mixed-Fußballturniers der Wintersaison 2002/2003 wurde – und das sage ich hier „with compliments" meine Frau. Ich bin ein fairer Verlierer. Obwohl ich mir durchaus Chancen ausgerechnet habe, als ich am 1. Weihnachtstag mein altes Tipp-Kick aus dem Schrank holte. Sie wissen schon: dieses spannende Spiel auf grünem Filz mit zwei Spielern, die auf Knopfdruck das rechte Bein vorschnellen lassen.

Nun, es brauchte etwas Überredungskunst, bis meine bessere Hälfte zum Kick'n'rush am Wohnzimmertisch bereit war. Dann das erste Spiel. Ich hatte Anstoß und semmelte gleich vom Mittelkreis aus das schwarzweiße Vieleck ins obere rechte Toreck. Meine Frau hatte auf einmal einen merkwürdigen Glanz in den Augen. Ums kurz zu machen: Nach zwei mal 15 Minuten war das Spiel aus und ich hatte 2 : 1 verloren.

Heimlich übte ich bis zum Abend das Spiel auf ein Tor. Mit Erfolg: Am zweiten Feiertag schickte ich das gegnerische Team mit einem 5 : 0 in die Kabine – aufs Sofa.

Der Neujahrstag musste die Entscheidung bringen. Siegesbewusst rollte ich das Spielfeld aus. 30 Minuten später rollte ich es beim Stande von 0: 3 wieder ein. Nun, die Platzverhältnisse waren wohl Schuld und das zweite Tor kurz vor der Halbzeit aus klar abseitsverdächtiger Position hat meine Mannschaft aus dem Tritt gebracht, und dann der Schiri . . .

Übertrainiert

„Tja", sagte der Arzt. „Eine Langspielplatte würde ich mir an Ihrer Stelle nicht mehr kaufen." „Steht es wirklich so schlecht um mich", ächzte ich. „Nun, Sie haben einfach zu wild gelebt", konstatierte der Mediziner. „Da zieht der liebe Gott schon mal ein paar Jährchen ab." Ich fühlte eine innere Kälte in mir hochkriechen. Davon wurde ich wach. Ich lag aufgestrampelt und verschwitzt in meinem Bett.

Der Traum ging mir nicht mehr aus dem Kopf. Am Abend sagte ich zu meiner allerbesten Gattin wie selbstverständlich: „He, wie wär's mit einem kleinen Waldlauf?" Sie sah mich prüfend an, sagte aber nichts. Wie ein kaputter Druckkessel dampfte ich durch den Wald. Nach 150 Metern wurde mir schwarz vor Augen. Ich biss die Zähne zusammen und hielt durch.

„Weißt du was", sagte ich, als ich wieder Luft zum Sprechen hatte. „Jetzt fahren wir noch zur Tennishalle und spielen eine Partie Badminton." „Sag mal, hast du was genommen?" fragte meine bessere Hälfte. „Nö wieso? Ich habe gerade Bock auf `n bisschen Bewegung".

Am anderen Morgen dachte ich, ich sei gelähmt. Es war aber nur der Muskelkater, der mich ans Bett fesselte. Unter Schmerzen kroch ich schließlich krumm wie ein geschlagener Hund ins Bad. „Ach, da kommt ja der Weltmeister", spottete mein liebendes Weib. Natürlich war sie frisch wie der junge Morgen. Als die Schmerzen nach drei Tagen nicht nachließen, ging ich zum Arzt. Dort hatte ich mein Déjà-vu.

„Tja", sagte der Arzt. „Sie haben einfach zu wild trainiert. Das bestraft der liebe Gott." Und dann meinte er noch: „Sie sind doch ein Mann in den besten Jahren und in einer guten Verfassung. Das haben Sie doch gar nicht nötig." „Jetzt nur nicht aufwachen", dachte ich.

Abends fragte meine bessere Hälfte: „Na, wie wär's mit einem kleinen Waldlauf? Bist du wieder fit, du großer Sportsmann?" „Lauf nur alleine", antwortete ich lässig. „Weißt du, ich habe das nicht nötig."

Rollende Kugeln IV

Ich mag Sportarten nicht, bei denen Alkohol getrunken wird. Ich kann mich nur auf eines von beiden richtig konzentrieren. Zum Beispiel Kegeln: Man spielt es oft in Gaststätten, die dafür extra spezielle Räume haben. Ich hab' es auch mal versucht: Wenn ich eine Kegelkugel rollen lasse, dann rollt sie stur geradeaus wie an der Schur gezogen und weicht nicht nach rechts oder nach links ab. Aber nur, wenn die Kugel in so eine extra dafür vorhandene Rinne fällt.

Wenn ich die Rinne nicht treffe, wird's schwierig. Dann weiß man nie genau, wo sie hin will, die Kugel. Meistens geht sie aber doch in die Rinne. Die anderen Kegler nennen das „Pumpe". Das bedeutet, dass man mehr Zeit hat für den Alkohol. Danach ist es wieder einfacher, die Rinne zu treffen.

Viele Kegler haben so kleine weiße Männchen umgeworfen, die ganz am Ende der Kegelbahn stehen. Das ist lustig. Das will ich beim nächsten Mal auch mal probieren!

Stab auf, Stab ab

Von allen Sportarten, die ich nicht beherrsche, ist mir Stabhochsprung die schleierhafteste. Der Sportler spurtet mit dem endlos langen Fiberglasstab über die Aschebahn, rammt ihn in einen im Boden eingelassenen Blechtrichter und schwingt, wie von Geisterhand emporgehoben, in den Himmel. Hier angekommen, macht der Stabhochspringer einen Handstand und lässt sich über die Latte kippen, wo er der Erdanziehung gehorchend abwärts donnert. Die Latte aber bleibt oben liegen – oder auch nicht. Das ist das Schwierige beim Stabhochsprung.
Wie gesagt – das Ganze ist nicht erklärbar. Obwohl ich selbst schon Stabhochsprung gemacht habe. Also: Eigentlich war's eher Stabweitsprung – oder sollte es wenigstens sein. Und zwar war das nicht auf dem Sportplatz, sondern vielmehr in Ostfriesland. Dort gibt es das berühmte Pattstockhüppen. Dabei wird ein langer Wanderstab in den Boden eines Bächleins gesteckt und an diesem schwingt man sich über das Gewässer. So haben's seit alten Zeiten die Schäfer und Bauern gemacht.
Von jeder sportlichen Herausforderung fühle ich mich wie von einer geheimnisvollen Macht angezogen – und ich scheine aus meinen vielen Sportpleiten auch nicht dazuzulernen. Jedenfalls ergriff ich so einen Wanderstab, rammte ihn in den Bachboden und schwang mich hinauf – hinauf!!! Eigentlich ging es eher hinab, denn der Pattstock versank im modrigen Untergrund des Rinnsales und auch ich saß bald bis an die Hüften im trüben Nass.
Auf einen zweiten Versuch habe ich mich dann nicht mehr eingelassen. Und so blieb mir der Stabhochsprung, was er immer war: Schleierhaft.

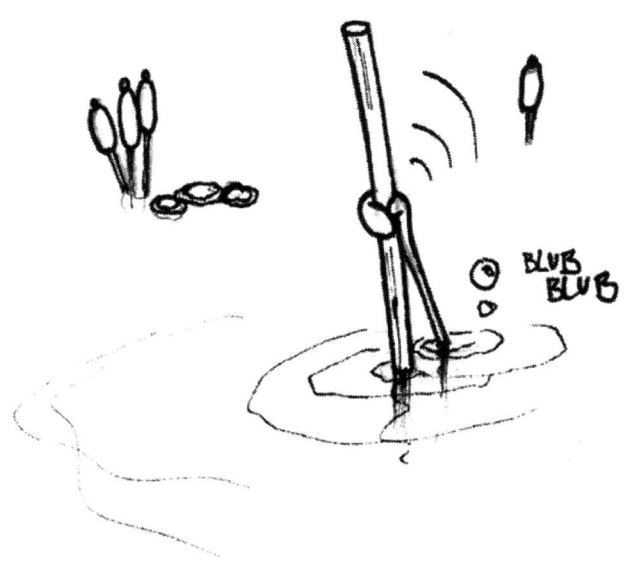

Rollende Kugeln V

Die erste Sportart, die mir in meinem Leben begegnete, war Knickern – in machen Gegenden auch Murmeln, Schossern oder Marmeln genannt. Das Spiel war denkbar einfach: Eines der Kinder bohrte mit seinem Hacken eine Kuhle in den Boden und wir versuchten, von einer bestimmten Linie aus unsere Knicker dort hinein zu rollen. Bei der Gelegenheit lernte ich auch die Bitternis der Niederlage schmecken: Ich hatte einen kleinen handgenähten Beutel mit bunten Tonkugeln, deren Zahl sich rapide verringerte.

Die Spielregeln waren denkbar einfach: Diejenigen, die ins Loch getroffen hatten, behielten die fehl gegangenen Knicker ein und teilten sie unter einander auf. Bei einem anderen Spiel ging es darum, gleich drei Kugeln zu versenken. Wer das schaffte, bekam den ganzen „Pott". Dabei war es wichtig, rechtzeitig „Letten!" (Letzter!) zu rufen, damit man ganz zum Schluss an die Reihe kam. Welchen Vorteil das hatte, habe ich nie begriffen. Das hielt mich aber nicht davon ab, immer kräftig mit zu schreien: „Letten, Letten"!!!

Theoretisch wäre Knickern immer noch ein tolles Kinderspiel. Fragt sich bloß, ob sich die Kids von heute noch mit ein paar simplen Ton-Murmeln vom Computer weglocken lassen würden. Und selbst wenn – wo könnte man denn heutzutage noch ungestraft mit dem Hacken ein Loch in den Boden bohren?

Wintersport-Pause

In unseren Breiten ist Tauwetter angesagt. Schade, der neueste Winter-Trendsport hat erst mal Pause. Endlich eine Sportart, die Musik mit körperlicher Betätigung verbindet, also Kultur und Sport untrennbar verschmilzt und so der alten Forderung „Mens sana in corpore sano" entspricht: Scratching – kennen Sie nicht? Ganz einfach:

Der Sportler sucht festen Stand, beugt den Oberkörper vor und streckt beide Arme nach vorne. Dann den Scratcher – also den Kratzer – vorsichtig aufsetzen und schieben. Mit knackig-bassigem Rhythmus platzt das Eis von der Frontscheibe des Autos. Treibend fallen die Besen ein, die den Neuschnee vom Dach fegen. Soulig steht der Gesang der Sportler über dem dichten Rhythmusteppich: „Ough-ough-ough". Und das jeden Morgen vor meiner Haustür - die ganze Straße swingt und beschwingt erhebe ich mich von meinem Nachtlager.

Aber jetzt ist ja Tauwetter. Schade. Muss ich demnächst wohl meinen Nachbarn wieder beim Jogging zuschauen.

Um die Wurst

In der Berichterstattung über Fußball gibt es ja ein spezielles bildhaftes Vokabular, das im normalen Leben so nicht anwendbar ist. Welchem Elektriker würde es zum Beispiel einfallen, eine „Bogenlampe ins obere linke Eck zu knallen"? Und jeder Händler, der einen aus 100 Prozent Bayer-Leverkusen bestehenden Ball als „Leder" verkaufen würde, sähe sich bald hinter schwedischen Gardinen wieder.

Ein Mensch, der im richtigen Leben feststellen würde, dass der Ball rund ist, würde nur ein müdes Achselzucken ernten und keineswegs posthum als Fußballphilosoph geehrt werden. Und beim Fußball - haben Sie das schon mal gemerkt? - geht es irgendwann immer ans Eingemachte. Keine Hausfrau würde sich das gefallen lassen!

In Wahrheit geht's aber beim Fußball um die Wurst. Nicht auf dem Spielfeld, sondern am Rande des Stadions, da wo die Wurstbude steht. Auch wenn so mancher Zuschauer im richtigen Leben um „Fleischbrät im Saitling" einen großen Bogen macht: Auf'm Fußballplatz ist Bratwurst Kult! Wenn die Bratwurst gut ist. Es gibt nämlich auch Bratwürste – aua, aua! Dagegen ist Leder aus 100 Prozent Bayer-Leverkusen gar nix!

Schlimm, wenn man zu Hause sagen muss: Das Spiel war gut, aber die Bratwurst . . . Dann schon lieber einen runden Ball und eine Bogenlampe ins Eck.

Zu Land, zu Wasser . . .

Ich habe einen neuen Lieblingssport: Rudern. Ist es nicht wunderbar, wenn das schmale Boot über die Wogen schießt, während einem der Duft von Fischen und Seetang um die Nase weht und die Einsamkeit und Verantwortung eines Kapitäns zur See und all das . . .
Eigentlich rudere ich deshalb so besonders gern, weil ich dazu das Wohnzimmer nicht verlassen muss. Ein Bekannter hat mir nämlich sein abgelegtes Rudergerät geschenkt – er brauchte eines mit mehr Power – und seitdem bin ich Wassersportler. Ich habe die Ruder auf schwächsten Widerstand eingestellt – schließlich soll Sport nicht allzu belastend sein - und paddle so in der guten Stube einher.
Gern rudere ich vor dem Fernseher, besonders wenn ein Film über die Liebesspiele der Pottwale oder das Leben der Fischotter kommt. Natur aus nächster Nähe zu erleben – das kann eben nur, wer ausgetretene Pfade verlässt und sich selbst hinaus in die Wildnis traut.
Ich durchlebe die Sorgen und Nöte von Jürgen Prochnow als „Der Alte" in „Das Boot" und rudere emsiger, wenn der „Weiße Hai" seine Zähne zeigt. Televisionär habe ich schon die Isar, den Mississippi, den Atlantik und das Mittelmeer auf den Spuren von Odysseus durchstreift. Videos mit ergiebigen Wasserszenen stehen derzeit bei mir hoch im Kurs und selbst beim „canyoning" behalte ich mit eisernen Nerven und gleichmäßigem Ruderschlag den Überblick.
Am meisten aber freue ich mich auf die nächsten Olympischen Spiele. Dann will ich mich nämlich mal mit dem Deutschlandachter messen. Derzeit bin ich Geheimfavorit auf die Goldmedaille.

Von Menschen auf Pferden

„Wirf Dein Herz über den Sprung, das Pferd wird schon nachspringen", lautet eine beliebte Weisheit der Pferdesportler. Sie zeigt, welchen Stellenwert das „Pferdematerial" in dieser Zunft hat. Klar, junge Mädchen haben Pferde aufrichtig, heiß und innig lieb: zum Küssen, Streicheln und zärtlichen Bürsten. Bis im Alter von 16 Jahren zweibeinige Traber wichtiger werden.

Erwachsene Reiter suchen bei Pferden etwas anderes als Zärtlichkeit: Wie jeder Mensch streben sie nach Erfolg und Anerkennung. Dabei wird oft übersehen, dass die Ehre vor allem den vierbeinigen Sportlern unter der Sitzfläche der Reiter gebührt. Selbst in der Berichterstattung in den Medien werden die Reiterinnen und Reiter als strahlende Sieger gefeiert. Der Name des Pferdes steht selten in den Schlagzeilen. Siegreiche Reiter bekommen Pokale, die Pferde allenfalls eine Schleife.

Nun mag man argumentieren, dass es Pferden schwer fiele, während der Siegerehrung einen Pokal festzuhalten. Aber auch daheim wandern die Pokale in die Vitrine im Wohnzimmer. Wenn's hochkommt, wird die Schleife an die Stalltür geheftet. Aber nicht so, dass das Pferd sie sehen kann. Viel mehr demonstriert der Besitzer damit: Seht her, ich hab's geschafft.

Sicher ist es nicht falsch, sich als Pferdesportler hin und wieder mal eine Weisheit des Denkers Stanislav Jerzy Lec ins Gedächtnis zu rufen: Ein Pferd ohne Reiter ist immer noch ein Pferd. Ein Reiter ohne Pferd ist einfach nur ein Mensch.

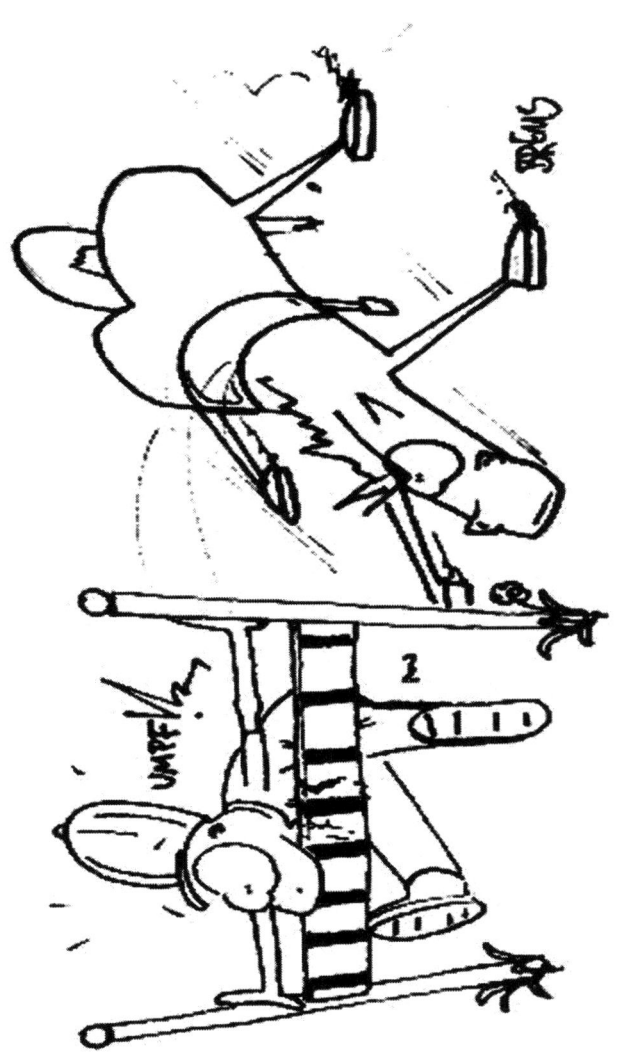

Zwischen Himmel und Erde

Die Luftfahrt im Ferienflieger nimmt der erfahrene Reisende ja inzwischen mit einer wissenden Gelassenheit hin. Ganz anders erlebt man die Luftpartie in einem zerbrechlich wirkenden Segelflieger, als Spielball der Elemente zwischen Himmel und Erde. Ich hab's mitgemacht – und ich darf wohl sagen, dass diese Erfahrung mein ganzes Leben geändert hat.

Es fängt ja, wie bei so vielen Geschichten, vorn an. Und zwar insofern, als der Neuling, man mag ihn Fluggast oder besser Opfer nennen, vorn im Segelflieger sitzt, während der erfahrene Pilot hinter ihm Platz nimmt. Damit sich der Debütant in der unendlichen Weite des Kosmos so recht mutterseelenallein vorkommt.

Die Motorwinde reißt den Flugapparat mit einer Beschleunigung voran, dass sich die Mundwinkel der Reisenden einen flüchtigen Moment lang hinter den Ohren begegnen, sodass sie das freudlos zahnende Lachen eines Totenschädels darbieten. Als würde das allein noch nicht genügen, zerreißt im nächsten Augenblick ein Krachen die Stille, als wollte die fragile Flug-Konstruktion in tausend Teile zerspringen.

„Jetzt hat sich das Seil ausgeklinkt", vernehme ich die Worte des Luftschiffers, als ich wieder zu Sinnen komme. Wir sind frei – frei wie ein Blatt im Wind. Und was passiert mit Blättern? Hilfe!!!!!

Langsam beginne ich ein wenig Mut zu schöpfen. Ich trachte sogar danach, ein Foto von der Spielzeugwelt unter uns zu schießen. Tapfer öffne ich ein winziges Fensterchen in der Plexiglaskuppel. Ein Brausen wie von sämtlichen Trompeten Jerichos erfüllt die Flugzeugkanzel.

„Warte", sagt der Pilot im Plauderton. „Gleich kannst du Fotos machen." Im selben Moment stürzt der Vogel, eine Schwinge voran, dem Erdboden entgegen. Nie zuvor und nie später habe ich in so kurzer Zeit soviel Luft eingeatmet.

„Na, hast du deine Fotos gemacht", tönt die Stimme hinter mir. „Ja", lüge ich tapfer. Wenige Augeblicke später kracht das Aeroplan auf die Landebahn. Mit wackeligen Knien und grünem Gesicht steige ich aus und gestehe frei nach Schiller: „Da droben aber ist's fürchterlich – der Mensch versuche die Götter nicht!"

Danksagungen

Einen dicken Kuss bekommt meine allerbeste Ehegattin Sabine. Sie ist meine Partnerin im Leben und in vielen Geschichten, ist Muse und konstruktive Kritikerin. Meine sportlichen Eskapaden erträgt sie mit liebevoller Zuneigung und feiner Ironie.

Anhaltender Beifall und ebensolcher Dank gebührt Ole, meinem kongenialen Illustrator. Er hat meine Glossen auf Herz und Nieren abgeklopft und teils wunderbar leichte, teils herrlich chaotische Cartoons dazu geschaffen. Ich hoffe, wir arbeiten noch oft zusammen.

Ein herzliches Dankeschön geht an Birgit. Sie hat meine Geschichten gegengelesen und dabei meine eher kreative als regelkonforme Zeichensetzung zurecht gerückt. Für alle Fehler, die später wieder hinzugekommen sind, übernehme ich die volle Verantwortung.

Walter hat mich als Glossenschreiber für den Sportteil der Lokalzeitung entdeckt und mich dazu gebracht, die Erinnerungen an meine sportlichen Stärken und vor allem Schwächen auszugraben. Ich danke dir für die Initiative und Unterstützung.

Der größte Batzen Dankbarkeit aber ist dir zugeeignet, liebe Leserin, lieber Leser. Für wen, wenn nicht für dich, hätte ich all' diese kuriosen Anekdoten verfasst und aufgeschrieben? Zum Dank dafür bekommst du etwas Tolles: Dieses Buch! Es ist eine Zierde in deinem Regal und beweist als Geschenk deine Geschmackssicherheit und deinen feinen Humor. Und davon kann man doch nie genug haben, oder? Deshalb solltest du lieber gleich ein paar Bücher kaufen. Je mehr du kaufst, desto größer ist meine Dankbarkeit.

Eidesstattliche Versicherung

Hiermit erkläre ich an Eides statt, dass alle diejenigen Personen, die meinen, in meinem Buch genannt zu sein, garantiert nicht drinstehen. Vielmehr kommen gerade jene darin vor, die glauben, dass ich sie nicht genannt habe. Und umgekehrt.

Inhaltsverzeichnis